地方本科高校转型之路探索

王国华◎著

中国原子能出版社

图书在版编目（CIP）数据

地方本科高校转型之路探索 / 王国华著 . —— 北京：中国原子能出版社，2022.8
ISBN 978-7-5221-2195-6

Ⅰ . ①地… Ⅱ . ①王… Ⅲ . ①地方高校 – 教育改革 – 研究 – 中国 Ⅳ . ① G649.21

中国版本图书馆 CIP 数据核字 (2022) 第 189667 号

内容简介

本书是一本介绍地方本科高校转型发展的专著，主要介绍了地方本科高校的基本知识，着重对地方本科高校的现状进行探讨，阐述地方本科高校转型发展的必要性，并对高校转型思路和方向进行深入分析。全书以地方本科高校转型发展为研究对象，从人才培养转型、学科和专业转型、课程体系转型、教学实践转型、教师队伍转型等方面出发，围绕应用型创新人才培养目标，对其进行深入具体的分析和探讨，并给出相应的策略，适用于地方本科高校教师及相关从业人员。

地方本科高校转型之路探索

出版发行	中国原子能出版社（北京市海淀区阜成路 43 号　100048）
责任编辑	王　蕾
装帧设计	河北优盛文化传播有限公司
责任校对	冯莲凤
责任印制	赵　明
印　　刷	北京天恒嘉业印刷有限公司
开　　本	787 mm×1092 mm　1/16
印　　张	11
字　　数	216 千字
版　　次	2022 年 8 月第 1 版　　2022 年 8 月第 1 次印刷
书　　号	ISBN 978-7-5221-2195-6　　定　价　68.00 元

前　言

　　进入 21 世纪后，高等教育不断扩张，一批地方本科高校应运而生。这些地方本科高校虽然在探索本科教育、深化教学改革等方面取得了一定的成绩和经验，但也暴露了一些不容回避的问题，如办学定位模糊、服务地方能力不强等。习近平同志在党的十九大报告中指出："我国经济已由高速增长阶段转向高质量发展阶段，正处在转变发展方式、优化经济结构、转换增长动力的攻关期。"在这样的时代背景下，地方本科高校如果按照传统思维方式和办学模式发展，将与社会经济发展渐行渐远。因此，地方本科高校应面向国家和社会需求进行根本性变革。

　　本书力求在教育实践总结的基础上，结合满足社会经济发展对人才的多元需求，并抓住高等教育结构调整和发展模式转型的历史机遇，针对促进地方高校转型发展这一时代课题，从理论和实践的结合上做些探讨。

　　第 1 章主要介绍地方本科高校的概念、特征、属性以及职能等基础知识，并在此基础上重点分析地方本科高校的现状，包括地方本科高校面临的机遇和挑战、存在的不足等，通过对地方本科高校的深入剖析，旨在帮助研究人员全面系统地了解地方本科高校。

　　第 2 章主要探讨地方本科高校转型方向和目标，通过对地方本科高校转型的必要性、方向、内容和目标、思路以及关键进行阐述，为地方本科高校转型提供一些值得借鉴的思路。

　　第 3 章主要介绍地方本科高校人才培养转型，包括完善地方本科高校人才目标、架构应用型创新人才培养模式、创新地方本科高校人才培养机制、制定培养地方本科高校人才方案等，为地方本科高校人才培养提供参考。

　　第 4 章主要分析地方本科高校学科与专业转型，包括创建特色学科的目标和途径、建设地方本科高校专业途径等，通过对特色学科和专业建设的剖析和阐述，为地方本科高校学科和专业转型提供思路和方案。

第 5 章主要探讨地方本科高校课程体系转型，通过对地方本科高校课程的分析，明确地方本科高校课程体系转型的必要性，并在此基础之上提出地方本科高校开发课程体系的思路和对策。

第 6 章主要介绍地方本科高校教学实践转型，通过对地方本科高校教学实践的现状进行分析，指出地方本科高校在教学实践方面需要完善的地方，并提出构建地方本科高校实践教学体系的对策。

第 7 章主要分析地方本科高校教师队伍转型，通过对教师队伍现状进行分析和阐述，提出建设"双师型"教师队伍的可行性、重要性，并针对建设"双师型"教师队伍提出了一定的可行途径和措施。

本书力求做到结构严谨，语言深入浅出，希望对地方本科高校的转型有所帮助。由于笔者水平有限，书中难免会存在不足之处，敬请广大读者批评指正！

目　录

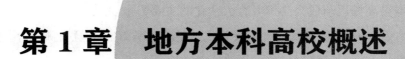

第1章　地方本科高校概述

地方本科高校和中央部委直属本科高校不同，其最鲜明的特点就是地方性，高校的发展情况往往和地方的经济发展息息相关。

本章将介绍地方本科高校的概念和特征，并对地方本科高校的职能和属性进行简单介绍，重点对地方本科高校的现状进行分析，为引导地方本科高校转型发展奠定知识基础。

1.1　地方本科高校的概念及特征

地方本科高校是我国高等教育学校的重要组成部分，自高校进行大规模扩招以来，地方本科高校逐渐成为高等教育大众化的主要力量。

那么，和中央部委直属本科高校相比，地方本科高校究竟有哪些不同，其概念和特征又是什么，本节将对这些问题进行简单介绍。

1.1.1　地方本科高校的概念

在了解地方本科高校的概念之前，需要先了解高校的概念，这样才能更好地了解地方本科高校的概念。

1.高校的概念

根据我国高等教育法规定，高等是指大学、独立设置的学院和高等专科学习，其中包括高等职业学校和成人高等学校。按照官方分类，我国高等教育类型可分为以下几类型（见图 1-1）。

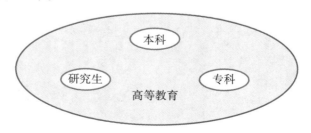

图 1-1　高等教育的分类

国家教育发展研究中心则将我国高等学校分为以下四种类型（见图 1-2）。

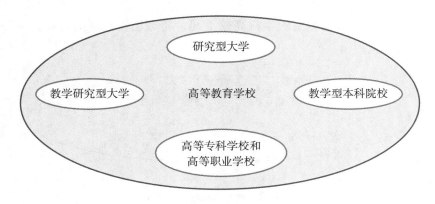

图 1-2　高等教育学校的分类

2. 地方本科高校的概念

什么是地方本科高校，大多数人可能认为地方本科高校是省、自治区、直辖市管理的本科高校。这是最简单的理解，然而却并不全面。

我国高校按照行政隶属关系进行划分，可以分为中央部署高校和地方高校两类。地方本科高校是指中央部属高校和专职专科高校之外的、由省（自治区、直辖市）级人民政府进行管理的各种类型的高校的总称。

一般而言，地方本科高校是指随着高等教育体制改革的纵向深化和高等教育大众化进程的推进，从而形成的独特的高校群体，包括合并升本、转制升本、民办升本等多种形式的本科层次高校，它们往往位于地市级城市，由当地政府举办或管理[①]。

1985 年，自教育体制改革以后，相当一部分高等院校划归地方政府管理。从《中共中央关于教育体制改革的决定》发布以后，形成了中央、省（自治区、直辖市）、中心城市三级办学的体制。这样就逐渐把发展教育培养人才的责任交给了地方政府，由此地方政府高校慢慢地受到了人民的广泛关注。与此同时，国家为了提高各级政府办学的效率，明确表示要鼓励人才的培养，如对学习优异的学生设置相关的奖学金，以鼓励学生积极学习等。这对地方高校的兴办起到了很大的促进作用。随着社会的发展，许多地方本科高校也崭露头角，势如破竹。到了今天，地方本科高校已经有了相当的规模。

---

① 庞春敏，张伟民，劳汉生. 基于"盖茨比标准"的生涯教育改革——英国新一轮生涯教育改革与启示 [J]. 外国中小学教育，2018(10): 35-44.

1.1.2 地方本科高校的特征

地方本科高校和其他类型的本科高校不同，具有比较鲜明的特征，主要体现在以下五个方面（见图1-3）。

图1-3 地方本科高校的特征

1.地方性

地方本科高校首要的特征是地方性，地方本科高校的出发点和落脚点都要牢牢抓住这一特性，主要体现在以下方面。

第一，地方本科高校不属于中华人民共和国国务院组成部门及其直属机构在全国范围内直属管理一批高等学校，其管理权属于地方。

第二，地方本科高校的生源来自本地。

第三，地方本科的教育经费主要来自地方，其发展来自地方上的各种力量的支持。

2.特色性

特色性不仅是地方性的体现，还是地方高校转型发展的必经之路。地方本科高校在转型发展过程中，必须体现出自身的特色性，需要立足地方，因地制宜，根据本地区的优势，如产业优势、资源优势、区位优势等进行分析，并结合当地的社会需求，根据本校的办学条件做出发展规划，确定可发展的重点领域，实现办学的区位特色。

实现地方本科高校的特色性，还意味着创新，需要地方本科高校不断创新，把握发展机遇，敢于大胆突破，突出学校的个性。

3.实用性

地方本科高校往往处于某一个特定的区域，该区域内的经济、文化等因素会对高校的发展产生影响，对人才的数量、质量和类型会有不同的要求。因此，地方高校在进行办学定位时，需要充分考虑高校所处区域的经济状况，培养适应本地社会发展需要的人才，而地方本科高校具有的实用性，也可以更好地为地方的经济发展服务。

4. 灵活性

灵活性主要体现在地方本科高校的办学风格和办学形式方面。在办学风格上，地方本科高校始终坚持从地方的政治、经济、文化等实际出发，采取灵活多变的措施，不拘泥于传统的方式和方法，以尽快适应不断发展的时代要求，满足地方发展对各种类型、各种层次人才的需求。在办学形式上，地方本科高校可以根据本校所处的历史阶段、经费的来源、生源的去向等问题进行分析，采取不同的办学形式，尽可能满足广大地方群众对高等教育的现实需求。

5. 大众性

地方本科高校的另一大特征是大众性，这是地方本科高校办学理想的最高境界，地方本科高校属于高等教育学校体系的重要组成部分，同样承担着高等教育大众化的责任。

1.2　地方本科高校的属性

在了解地方本科高校的概念和特征之后，你是否对地方本科高校有了新的认识，地方本科高校虽然不直属于中央部委，但在高等教育大众化方面，地方本科高校发挥着不可忽视的作用。

我国高等学校的属性包括应用性、专业性、开放性、文化性等多种属性，而地方本科高校除了具备一般高等学校的属性之外，其自身也有独特的属性。本节将从地方本科高校的办学定位和办学特色对其属性进行介绍，帮助读者对地方本科高校做进一步了解，并认识到地方本科高校的重要作用。

1.2.1　地方本科高校的办学定位

所谓办学定位，是指高校在高等教育体系中所处的位置。地方本科高校属于地方政府举办的高等学校，与中央部委直属的高校相比，其办学定位必然不同。不仅如此，不同类型的地方本科高校在高等教育体系中的位置也不尽相同。地方本科高校需要对自身有准确的了解，找到自身的办学定位，这样才能更好地制定本校的发展战略。

1. 地方本科高校办学定位的共同性

地方本科高校根据学科的不同进行划分，可以分为学科齐全的综合性大学和具有行业特色的多科性大学。前者学科较为齐全，覆盖范围较广，学校规模较大，具备较为雄厚的科研实力，因此在高等教育体系中处于较高的地位；后者学科并不是很齐全，覆盖范围较小，但有自身突出的特色学科，在高等教育体系的某个部分占据重要地位。

（1）学科齐全的综合性大学

学科齐全的综合性大学在办学定位上需要具有全局意识和世界眼光，更加关注世界前沿科技和行业，和中央部委直属高校大同小异。其不同点在于，地方综合性大学在办学定位上要突出服务地方，立足于服务地区，因此在进行培养人才和科学研究方面的工作时，不仅要满足一般性的人才标准和科研标准，更要关注地方的经济文化发展，满足地方社会的各种需求。

例如，延边大学的办学定位是"高水平综合大学"，不仅需要在区域经济和社会发展中发挥重要作用，还需要"立足延边，服务本省"，显示出地方倾向性。又如，内蒙古大学、吉首大学等，其立足于本地区的发展，积极培养地区需要的人才，探索新的社会服务途径等，都表现出明显的地域特色。

总之，学科齐全的地方综合性大学不仅要满足一般综合性大学的要求，在此基础之上，还需要立足地方，突出服务地方的特色。

（2）具有行业特色的多科性大学

与地方综合性大学相比，地方多科性大学在某个行业和领域中的相关学科具有面向的优势。如果说地方综合性大学是"百花齐放"，那么地方多科性大学就可以说是"一枝独秀"。

地方多科性大学的全局意识和世界眼光相对不足，在行业特色方面反而突出。与中央部委直属高校相比，地方政府显然会更加倾向培养地方本科高校，而地方本科高校也能更加照顾地方行业的发展。因此，高校可以抓住这一优势进行战略布局，使高校获得进一步发展。例如，安徽中医药大学在医药行业比较突出，因此将自身定位为一所中医药大学，努力建设自身的特色学科，并立足于安徽地方经济社会的发展，强调主动融入、积极服务、努力引领安徽医药卫生事业的发展，并积极培养地方需要的医药人才，从方方面面体现出本校为当地服务的特色。

综合来看，无论是地方综合性大学还是多科性大学，其办学定位都不能脱离服务地方，需要突出服务地方，彰显地方特色，这一点是非常重要的，其重要性和益处主要体现在以下方面。

① 突出地方性可以更好地获取地方资源。地方本科高校依托地方资源而生，办学定位突出服务地方，可以有效获取地方政府的支持。

② 突出地方性可以有针对性地为地方提供服务，促进地方社会经济、文化等方面的进一步发展。

③ 突出地方性可以使高校和当地社会形成良好的互动，促进高校和当地的供应发展，构建良性运转的生态系统。

2. 地方本科高校办学定位的不同性

整体来看，地方本科高校在办学定位上都注重服务地方，突出地方性。实际上，不同类型的地方本科高校在办学定位上的侧重点并不相同。

（1）研究型、教学研究型高校

对某些地方本科高校来说，其拥有悠久的办学历史，底蕴丰厚，科研实力较为雄厚，在办学定位上更加倾向于将自身定位为研究型或教学研究型大学，如"211"工程大学。这类大学在服务地方的基础上，更加侧重于研究，强调教学和研究的并重。例如，北京工业大学在办学定位中明确提出"不断推进国际知名、有特色、高水平研究型大学建设"，又如海南大学、广西大学等在办学定位方面强调建设研究型大学等。

（2）普通地方本科高校

对某些地方本科高校来说，办校时间较短，一般以教学为主，缺少雄厚的科研力量和充足的资金，这类普通地方本科高校在办学定位方面会突出强调应用性。例如，石家庄经济学院属于普通地方本科高校，尽管也有研究生教育，但在科研方面并不出色，也没有特别的优势，因此更加突出培养应用型人才，其办学定位为"努力成长为一所国内知名、具有鲜明特色和优势的多科性应用型大学"。

地方本科高校往往会根据自身的实际情况，结合地方经济社会的发展情况，在办学定位方面找到适合自身发展的办学理念，其侧重点往往有所不同。

1.2.2　地方本科高校的办学特色

高校的办学特色是区分高校独特性的重要特征和属性，是指高校在办学实践中形成的发展方式和办学特征。我国每个省份和地区的经济发展水平不同、风俗文化不同，甚至存在巨大的差异，而地方本科高校在不同的环境中建立成长，其办学特色也有很大不同，因此可以抓住这些地方特色，从而体现出高校的办学特色。

地方本科高校在建设办学特色时，主要从三个方面进行建设（见图1-4）。

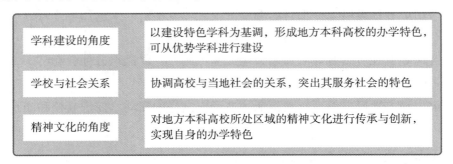

图 1-4　地方本科高校办学特色的方法

1. 学科建设的角度

各地方本科高校经常从学科建设的角度建设自身的办学特色，学科建设是高校完成其基本职能的基础，在学科建设方面的特色会成为高校办学特色的基调，是最主要的办学特色。例如，北京工商大学在章程中提到"以商科和轻工学科为特色"，就是利用自身在商科和轻工业学科的优势，加强特色学科建设，以显示出高校的办学特色。又如，天津科技大学以轻工业为特色，山西医科大学以医学学科为主等，这些高校都从学科建设的角度来建设自身的办学特色。

总之，地方本科高校在建设办学特色时，通常会将加强自身的优势和特色学科建设，阐明整个学校的学科布局等。

2. 学校与社会关系

高校的办学特色还可以在学校和社会的关系方面进行建设，即协调本校和当地社会的关系，并将其作为办学特色。

地方本科高校与地方社会互动频繁，可以突出其服务社会的办学特色。例如，河北工业大学在章程中提到"理论与实践、办学与兴工、立校与报国"，这里提到的"办学与兴工"，就是强调学校和工业发展相结合，更好地实现高校服务社会的作用。不仅如此，其他地方本科高校在其章程中，也或多或少地提到和当地企业进行合作，从而实现服务社会的办学特色。

3. 精神文化的角度

某些地方本科高校具有丰富的历史底蕴，其精神文化方面相当丰富，也可以从精神文化的角度出发，建设自身的办学特色。例如，延边大学处于民族地区，长期以来接受民族精神、民族文化的熏陶，因此可以将传承和发展民族文化作为自身的办学特色，建设具有民族特色的高水平地方综合性大学。又如，塔里木大学所在地区遍布胡杨树，而胡杨树在艰苦的新疆沙漠中成长，具有顽强的生命力，直面恶劣的生长环境，其本身就象征着坚韧不拔、敢于抗争。因此，可以传承当地的文化，同时体现自身的办学特色，即"用胡杨精神育人，为新疆固边服务"。

一个地区的文化、经济和社会的发展往往是相互联系、相互影响的，地区文化来源于地域社会的发展现状，并对其产生作用。从这方面来说，精神文化离不开地方经济社会的发展。地方本科高校在建设办学特色时，可以从精神文化的角度，充分利用自己所在区域的文化风俗、民族特色或精神象征等，建设属于自身的办学特色，这样不仅是对精神文化的继承和创新，还是增强自身办学特色的有效途径。

1.3　地方本科高校的职能

教育部在相关的政策中明确指出，高校应"围绕人才培养、科学研究、服务社会、推进文化传承创新的任务，依法完善内部法人治理结构"，从中可以发现高校的重要内容和核心。

地方本科高校作为高等教育的承担者，虽然并不直属于中央部委，但仍具有一定的职能，其职能主要体现在人才培养、科学研究、社会服务三个方面，本节将会对地方本科高校的职能进行分析，使读者进一步了解地方本科高校。

1.3.1　人才培养职能

高校是人才培养的摇篮，社会上的很多人才都经历过高等教育的培育，可以说，人才培养是高校的核心。由于地方本科高校的特殊性，其人才培养职能应和普通本科高校有所区分。地方本科高校群体根据教学类型的不同，可以划分为不同的类型（见图 1–5）。

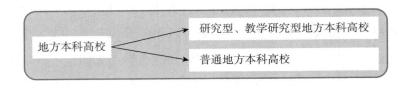

图 1-5　地方本科高校分类

　　下面通过对不同类型的地方本科高校在人才培养目标方面的比较，深入了解地方本科高校人才培养的职能。

1. 研究型、教学研究型地方本科高校

　　研究型、教学研究型本科高校具有一定的科研实力，与其他普通地方本科高校相比，在科研队伍、科研资源方面具有优势。因此，这些研究型、教学研究型地方本科高校（以部分"211"工程地方本科高校为例）的人才培养目标和中央部委直属高校基本相同，其人才培养目标为学术型、精英型、创新型人才（见表1-1）。

表1-1　研究型地方本科高校人才培养目标

学校名称	人才培养目标
天津医科大学	培养具有崇高理想和社会责任感以及理论基础扎实、实践能力突出,具有独立思考能力和创新精神、国际视野和人文素养的医学人才
太原理工大学	培养具有创新精神和实践能力，适应时代发展、符合国家建设需要的高素质人才
延边大学	学校的根本任务是培养具有高尚的道德情操和爱国主义精神，具有较高理论知识、实践能力和跨文化素质的民族高级专门人才
东北农业大学	学校以立德树人为根本任务，努力培养理想信念坚定、眼界胸怀广阔、具有创新精神和实践能力、适应未来职业和社会发展需要的高素质人才
广西大学	致力于培养德、智、体、美、劳全面发展的应用型、复合型专门人才
贵州大学	学校坚持以学生为本，遵循育德为先、能力为重、体魄健康、全面发展的原则，培养信念坚定、知法守法、品德优良、知识丰富、本领过硬的高素质专门人才和实用创新人才
云南大学	坚持育人为本、育德为先、能力为重、全面发展，着力增强受教育者的社会责任感、创新精神、实践能力，培养品行优良、本领过硬、敢于担当、勇于创新的高素质创新人才

　　通过表1-1可以看出，研究型的地方本科高校都致力于培养学术型、精英型、

创新型人才，注重培养学生德智体美劳全面发展。

2. 普通地方本科高校

普通地方本科高校受到地方经济的影响，其综合实力往往比较薄弱，对这类地方本科高校而言，其培养人才的目标更多是应用型人才。这里通过分析部分普通地方本科高校的人才培养目标（见表 1-2），对地方本科高校的人才培养职能进行深入了解。

表1-2　普通地方本科高校人才培养目标

学校名称	人才培养目标
重庆文理学院	培养应用型人才
四川理工学院	培养高素质应用型、复合型人才
贺州学院	培养富有社会责任感和品学兼优的应用型人才
辽宁医学院	培养"理论知识扎实、基本技能过硬、实践经验丰富"的高素质应用型专门人才
上海电力学院	按照"优基础、强能力、重应用"的要求，培养面向一线的高级应用型人才
盐城工学院	为生产、建设、管理、服务第一线培养具有创新精神和实践能力的应用型高级专门人才

与研究型地方本科高校不同，普通地方本科高校通常致力于培养应用型人才，更加注重实践。例如，辽宁医学院、吉林农业科技学院都将培养应用型人才作为目标。

综合来看，普通地方本科高校作为高等教育大众化的主要承担者，可以促进和影响地方经济社会发展。随着经济社会的不断发展，社会对应用人才的需求量逐渐增加，而普通地方本科高校是培养大批应用型人才的主阵地，其地位越来越重要，因此要关注地方本科高校的转型。

1.3.2　科学研究职能

科学研究是高校的基本职能之一，根据高校的性质不同，其科学研究的定位也有所不同，科学研究可以分为基础研究、应用研究和开发研究（见图 1-6）。

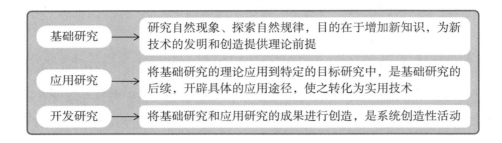

图 1-6 科学研究的分类

1. 地方本科高校科学研究的共同性

地方本科高校所处的区域各不相同，在履行科学研究职能时，往往会显示出地域特征。地方本科高校和地方政治、经济、教育等联系密切，由地方政府管理，对当地的社会有更加深入的了解，对地方风俗、地方经济、地方文化等都十分熟悉，在科学研究方面更加倾向于具有地方特色、满足地方需求的科研项目，也更加具有优势。

因此，地方本科高校在进行科研研究活动时往往表现出地域性特点，这既是地方本科高校在科学研究方面的优势，同时是地方本科高校的特色所在。例如，河北农业大学在科学研究职能方面提出，"学校紧紧围绕区域'三农'重大问题，自主开展科学研究，推动学术进步、科技创新和成果转化，引领区域农业发展"，可以看到，河北农业大学将科学研究和区域农业紧密结合在一起，显示出了地方本科高校在科研研究方面的地域特色[1]。

2. 地方本科高校科学研究的不同性

地方本科高校虽然在科学研究职能方面具有一定的共同性，即都显示出地方 / 地域特色，但其侧重点并不完全相同。

对研究型、教学研究型本科高校来说，其科研实力较强，更加重视在科学研究方面的发展，在进行科研项目的选择时，更加注重高水平、前沿性的研究项目，和中央部委直属高校没有太大差异。例如，"211"工程地方本科高校，其科研实力在省（市）内比较突出，拥有较多的科研资源，地方政府也比较重视并积极支持这些高校的发展，因此更加注重创造性研究，关注前沿科学研究。

对普通地方本科高校来说，其科研实力较差，因此在进行科学研究时，更加注

① 庞春敏，张伟民，劳汉生.基于"盖茨比标准"的生涯教育改革——英国新一轮生涯教育改革与启示 [J].外国中小学教育，2018(10)：35-44.

重应用性。例如，兰州工业学院在章程中提出，"学校坚持以科学研究和服务地方为支撑，以行业企业为依托，以社会需求为导向……积极开展应用研究与开发研究"；又如滁州学院将科研职能定位为应用研究和技术研发，重点在于推动科研成果转化等。可以说，对普通地方本科高校来说，其科学研究更加侧重于应用研究，注重实用性，这不仅是地方经济社会的需要，也是普通地方本科高校的发展趋势。

1.3.3　社会服务职能

地方本科高校和地方社会的结合十分密切，尤其要重视社会服务职能，这不仅可以促进地方经济社会的发展，还可以进一步提升高校在地方的影响力，获得更多的教育资源，还可以提升高校培养人才的质量和科研水平。

1. 地方本科高校社会服务的共同性

与科学研究职能类似，高校在进行社会服务职能工作时，也会表现出地域性，大多和高校自身所处的地域相关，离不开"地方经济建设与社会发展""区域经济社会发展"等关键描述。例如，山西大学在章程中提出，"学校主动应对区域重点产业科技需求，大力开展产学研合作……为国家和区域经济社会大战提供人才和科技支撑"，强调了为所在区域提供服务的理念。又如，沈阳理工大学、延边大学等都在各自的章程中提出学校服务当地社会的定位，提出利用自身优势服务社会的任务等[1]。

总之，通过对地方本科高校对社会服务职能的分析，可以看到地方本科高校对区域社会服务的定位和出发点，这不仅是地方本科高校的共同特征，同时是地方社会对高校的要求和期望。

2. 地方本科高校社会服务的形式

地方本科高校在进行服务社会职能工作时，通常会以下面五种形式开展，这些形式的开展，或多或少地促进当地经济社会的发展（见图 1-7）。

---

[1]　庞春敏，张伟民，劳汉生.基于"盖茨比标准"的生涯教育改革——英国新一轮生涯教育改革与启示 [J].外国中小学教育，2018(10)：35-44.

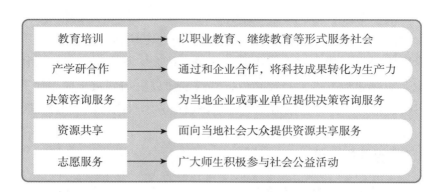

图 1-7　地方本科高校社会服务的形式

（1）教育培训

地方本科高校属于教育机构，其服务社会的基本形式就是教育培训。这并不是指对学生进行本科教育、研究生教育，而是面向社会、为企事业单位输送实用型人才，主要包括职业教育、继续教育等非学历教育。例如，青岛科技大学、重庆工商大学、云南大学等都在各自的章程中提到职业教育与继续教育，强调提升在职人员的素质等，体现出地方本科高校以教育培训服务社会的特点。

（2）产学研合作

产学研合作是地方本科高校进行服务社会工作的重要方式之一，在众多的地方本科高校中，大多数高校都在章程中提到了"产学研合作""协同创新""科技成果转化"等内容。例如，北京工商大学将产学研合作作为社会服务的重要工作；天津工业大学在章程中提出了协同创新的概念，实际上和产学研工作十分类似，即高校通过和其他企业相互合作，使高校的科研成果可直接转化为企业现实的生产力。

总之，地方本科高校要想更好地实现社会服务职能，产学研合作是不错的选择，可通过和企业相互合作，将科技成果进行生产力转化，最终促进地方经济社会的发展。

（3）决策咨询服务

地方本科高校扎根于地方，对地方的实际情况有较为深入的了解，因此可以利用自身的知识优势，为企业发展提供决策咨询服务，充当智囊团和思想库。例如，山西大学就在章程中明确了提供决策咨询服务的方式；哈尔滨商业大学在章程中提到"咨询论证"的内容，这实际上就是为社会中的企业提供咨询决策服务。

（4）资源共享

近年来，合作共赢的理念逐渐深入人心，"共享"逐渐成为一种新的生活方式，而地方本科高校拥有众多的资源，智力资源比较集中。因此，地方本科高校可以通过资源共享的方式为广大公众或社会中的企业提供服务。很多地方本科高校都在努力向社会大众开放资源，如教育资源、科技资源，而面向社会大众开放图书馆、实验室就是高校提供社会服务的一种方式。例如，哈尔滨商业大学在章程中提到"互用设施、共享资源"，这实际上就是以资源共享的方式服务社会。

（5）志愿服务

志愿服务是指高校鼓励广大师生进行公益活动或社会实践的方式，是常见的社会服务形式，其中，以高校名义进行的支教活动也属于志愿服务活动。高校进行志愿服务的方式有很多种，因此不同的高校所规定的志愿服务活动各不相同。例如，华南农业大学在章程中提出"学校开展人才培训、成果推广、科研合作、社会实践、支教支农、扶贫开发等服务，为当方经济社会发展提供智力支持"。

1.4　地方本科高校的现状分析

在了解地方本科高校的属性和职能之后，你是不是可以更好地区分地方本科高校和中央部委直属本科高校的不同了呢，实际上，随着时代的发展，国家对地方本科高校提出了更高的要求。

地方本科高校面临着转型的关键问题，本节介绍了地方本科高校面临的机遇和挑战，并对地方本科高校的存在的问题进行了深入分析。

1.4.1　地方本科高校面临的机遇和挑战

高等教育大众化是世界各国教育进一步发展的普遍趋势，我国亦是如此。随着我国高等教育的不断普及，高等教育基本进入大众化阶段，地方本科高校正面临着前所未有的机遇和挑战。

1. 地方本科高校面临的机遇

1999 年，高等教育扩大招生，这为地方本科高校的发展创造了条件，地方本科高校更是如雨后春笋般不断涌现，取得了不少成就，我国高等教育的规模不断扩大。2017 年，我国高等教育毛入学率超过 40%，学总规模位居世界第一。其中，地方本科高校贡献了很大力量，其优势主要体现在以下四点。

① 目前，新建本科高校遍布全国的各个省市、地级城市，其占有率超过50%。从地域布局来看，大多数的地方本科高校是其地域内唯一的本科高校，占据绝对优势，可以为区域企业提供优秀人才，成为企业的人力资源支撑。可以说，地方本科高校是地方经济社会发展的重要支撑，并逐渐成为高等教育的突破环节。

② 我国经济发展进入转型期，需要对需求结构、供给结构、驱动要素等进行改革，而驱动要素改革主要依靠科技创新，因此需要加强对高等教育人才的培养，尤其是高级应用型人才。地方本科高校是高等教育体系的重要组成部分，在地方拥有较大的影响力，是培养地方人才的摇篮，可以通过转变人才培养模式，着重培养应用型、职业型人才，帮助本科毕业生掌握地方企业需要的技能，从而提升本科毕业生的职业能力和技巧，地方本科高校将会成为消解本科生就业矛盾的主要力量。

③ 地方本科高校数量众多，是为社会大众提供高等教育的主要力量，受到了社会大众的广泛认可；加上信息化时代的到来，公众对于现代信息技术有了更加深切的体验，迫切希望接受高等教育，因此也对地方本科高校提出了更高的要求。在这样的背景下，地方本科高校需要进行转型发展，以获得进一步发展。

④ 地方本科高校的发展问题受到党中央和国务院的重点关注，引导部分地方本科高校向应用型转变是党中央、国务院的重大决策部署，其内涵是推动高校将办学思路转到服务地方经济社会发展上来，把办学模式转到产教融合、校企合作上来，人才培养重心转到应用型技术技能性人才上来①。教育部实行多项举措，促进地方本科高校向应用型高校建设，并呈现良好发展势头，其举措如下（见图1-8）。

---

① 庞春敏，张伟民，劳汉生. 基于"盖茨比标准"的生涯教育改革——英国新一轮生涯教育改革与启示 [J]. 外国中小学教育，2018(10)：35-44.

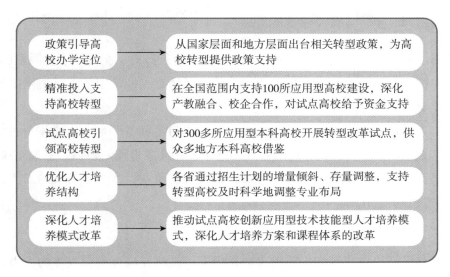

图 1-8　政府对地方本科高校采取的措施

2. 地方本科高校面临的挑战

在时代的背景下，地方本科高校面临转型发展的机遇，国家给予其大力支持，然而不可忽视的是，地方本科高校一直在面临以下劣势和挑战。

① 地方本科高校地理位置较偏。部分地方本科高校大多数所在区域比较偏僻，其交通条件并便利，甚至有些高校距离省会城市有四五个小时的车程，这限制了地方本科高校的发展。无论学生还是高校教职员，动辄就要花费几个小时出行，在人才引进和学术交流方面，呈现明显的劣势。同时，高校所在区域决定了医疗卫生和教育文化资源的差别，地方本科高校所在的区域在这些方面明显有所欠缺。

② 地方本科高校生源质量欠佳。地方本科高校缺乏特色的专业和学科，无法吸引优秀的考生，导致其生源质量欠佳。

③ 地方本科高校办学基础较差。在硬件设施方面，部分地方本科高校存在校园面积狭小、道路设施相对不足等问题。在软件设施方面，一些地方本科高校缺少教学资源，也缺乏师资力量，甚至在科学研究方面发展需突破相关瓶颈。在实验实训方面，某些工科专业缺少基本的仪器设施，尤其是那些比较昂贵的大型设备。总之，无论从硬件还是软件方面来看，地方本科高校的办学基础有待提升。

④ 地方本科高校缺乏地方的支持。一些地方本科高校，与地方经济社会发展脱离，导致没有对地方经济社会发展提供有效帮助，如决策资政和科技服务等。因此，地方本科高校无法得到地方政府和社会力量的支持，这无疑严重制约了地方本科高校的发展。

1.4.2　地方本科高校存在的问题

长期以来，地方本科高校在办学定位方面，由于历史、文化等诸多因素的影响，盲目地向综合型高校看齐，很少考虑自身的实际情况，办学定位不够清晰明确，在发展过程中不可避免地遇到很多问题。

近年来，地方本科高校和研究型高校同质化问题日益严重，主要体现在办学定位同他、专业设置雷同、人才培养方式相近等，并且注重理论知识，忽视实践能力，重视科学研究，忽视技术应用等，越来越难以满足地方经济社会发展的需要，其主要体现在以下几个方面。

1.人才培养方面的问题

地方本科高校在我国高等学校中数量很多，是培养高等教育人才的主力。在人才培养、毕业生就业方面，地方本科高校一直面临就业难的问题。

据统计，我国高校毕业生的就业率一直在70%左右，这意味着有30%左右的毕业生不能成功实现就业。在这30%的毕业生中，地方本科高校的毕业生占据了大多数。

为什么会出现这种情况呢？是因为社会对人才的需求量越来越少了吗？事实当然不是如此。随着时代的发展，社会对人才的需求量，特别是应用型人才的需求量越来越大，清华大学的学者对部分企业进行调研发现，需要应用型人才的企业多达六成。

这些数据反映出地方本科高校在人才培养方面的问题，具体体现在以下方面
（1）人才培养目标不合理

大多数新建本科高校是由专科学校经过重组、优化，并经过教育部批准形成的，其成立时间短，因此在制定人才培养目标时，往往沿用办学时间较长的一流高校的人才培养目标，从而使制定出的人才培养目标不切合实际。

首先，地方本科高校过于强调理论课程的价值和意义，致力于培养技术开发的学术型、研究型人才。然而，对于地方本科高校而言，其科研实力、师资力量等，很难比得上一流本科大学，过于强调理论课程的价值和意义，就会忽视实践课程，不能显示出和一流大学的区别，只会导致自身"泯然众人矣"，实非明智之举。

其次，在制定人才培养目标时，地方本科高校很少涉及当地经济社会的发展，更不用说挖掘出可满足地方行业需求的人才，这往往会导致人才培养目标和其他大学同质化、模糊化，甚至出现高校人才培养目标和地方需求背道而驰的现象。

最后，部分地方本科高校出现自我矮化人才培养目标的现象。制定人才培养目

标时，虽然不能好高骛远，但也不能妄自菲薄。比如，有的地方本科高校将人才培养目标定位于培养具体的操作人才方面，这显然有点"大材小用"，这会导致学生的基础知识和专业理论过于薄弱，无法进行后续的创新，最终使人才培养后劲不足。

以上这些问题的出现，使地方本科高校在制定人才培养目标时不够合理，导致地方本科高校培养出的学生无法发挥出自身的真正价值和潜力。

（2）人才培养目标过于功利

随着时代的发展，高校的数量日益增加，高校之间的竞争也日益激烈。为了提高高校自身的声誉和评价，有些地方本科高校片面追求就业率，在制定人才培养目标时过于功利，出现以下问题。

① 高校在设置专业时，一味设置易于就业的专业，而忽视了专业的客观发展规律。要知道，不同专业的发展规律有所不同，有的专业更新迭代较快，需要不断拓宽口径。如果设置易于就业，但专业口径较窄的专业，往往会导致后续发展不足。因此在设置专业时，需要结合学生需求和市场需求，并考虑专业的发展规律，这样才能实现学生的长远发展，促进社会向前发展。

② 制定人才培养目标时，过于功利，只考虑短期的效益，缺乏长远的规划和安排。对于高校自身来说，教育学生和人才培养是一个长期的过程，需要进行长远考虑，并制定相关的发展战略。过于功利化的培养目标会制约高校的进一步发展，无法培育出真正符合地方社会需求的人才，最终会被地方社会淘汰。

（3）教学环节设计不合理

对于地方本科高校来说，培育具有实践能力的人才是高校转型发展的必然要求。教育部对培养应用型人才也有比较明确的规定，文科类专业实践教学学时不低于 20%，理科类不低于 25%；但在实际应用中，地方本科高校在教学环节方面存在一些问题。例如，教学实践的安排不及时，不能跟理论课程有机结合；实践课程的整体结构不够完善，缺乏具体的实践课程设计；高校教师的理论知识比较深厚，但在实践操作方面有所欠缺；实践课程往往是对理论课程的验证，学生创新能力不能得到很好的提高。这些教学环节中出现的种种问题，严重制约了高校培养应用型创新人才的脚步。

（4）人才培养方式比较单一

传统的人才培养方式比较单一，通常采用"7+1"的模式，即学生在校内进行七个学期的基础知识和专业理论知识的学习，在校外进行最后一个学期的毕业实习。这种模式过于重视理论研究，且对毕业实习不够重视，难以做到有效监管。

对于地方本科高校来说，如果采用这种模式进行人才培养，由于自身科研实力有限，在理论研究方面，其毕业生很难比得过研究型高校的毕业生；在实践操作能力方面，由于不重视实践课程，其毕业生很难比得上高职高专毕业生，很容易陷入两难境地。

总之，地方本科高校需要改变单一的人才培养方式，采取相关的措施拓宽人才培养途径和方式。

2.在课程体系方面的问题

目前，地方本科高校在课程体系方面存在很多问题，包括高校课程体系陈旧、高校课程体系同质化等。

（1）高校课程体系陈旧

从高校整体的课程体系来看，其课程体系的架构难以适应时代的发展需求。自改革开放以来，我国的产业结构发生了翻天覆地的变化，第二产业和第三产业不断向前发展，并逐渐成为国民经济中的重要支撑，这些变化对高等教育的课程体系产生了重大影响。

高校现有的课程围绕专业进行设置，以学科建设为中心，其课程体系过于陈旧，课程的内容也比较陈旧，且更新缓慢，并不能适应产业经济发展对知识的需求。因此，地方本科高校要及时关注地方产业结构的变化，对课程的内容体系进行更新，编写符合地方社会发展的教材，培养出应用型创新人才。

（2）高校课程体系同质化

各地方本科高校的特点都不相同，有着自身的个性特征，因此在课程体系建设方面，必然会有自己的特色，显示出自身的发展特点。

首先，专业课程设置存在盲从现象。目前，有些新建的地方本科高校，在课程设置方面，并没有根据自身的特点进行设置，而是套用一流高校的课程进行设置，有的专业甚至会套用"985"高校相关专业的课程设置。这远远脱离了高校的办学定位和高校的教育资源的实际情况。

其次，后建的同类专业课程存在盲目套用先建专业课程的倾向。对于地方本科高校而言，其转型发展应具有自身的特色和优势，在课程设置方面亦是如此。有些地方本科高校在课程设置方面，往往会借鉴之前设置的专业课程，这样很容易导致后建的专业课程缺乏新意，不能紧跟行业动态的变化，不能满足地方社会对人才的需求，无法形成课程的特色建设，更不用说形成专业课程优势了。因此，高校在进行课程设置时，需要构建新的专业方向、人才培养路径和专业特长等，通过创新为课程建设新的特色。

最后，在课程设置方面，地方本科高校很容易和高职高专院校雷同。有些地方本科高校是由高职院校升格而来，在进行课程设置时，沿用之前的课程设置，这不仅不符合高校自身的发展，还会对人才培养定位造成影响。应用型本科教育和高职高专教育不同，其所处的教育层次不同，对人才培养目标的设定也不同。因此，在课程设置方面应该有所体现，其课程设置应不尽相同，要有所改革和创新，做好科学分层设置和有效衔接工作。

3. 在高校教师队伍方面的问题

目前，地方本科高校在教师队伍建设方面存在很多问题，如教师队伍的结构不合理、高校教师知识结构不合理等，主要体现在以下四个方面。

（1）高校教师队伍结构有待优化

随着高校的转型发展，地方本科高校不断引入青年教师，其学历水平不断提高，但从整体来看，地方本科高校的教师队伍结构仍有待优化（见图 1-9）。

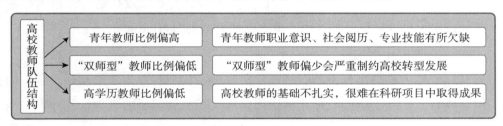

图 1-9　地方本科高校教师队伍存在的问题

① 青年教师比例偏高。

从学术职业发展的角度来看，高校教师队伍中比较理想的结构情况是，中年教师占最大比例，年轻教师和老龄教师比例相对较小。

在地方本科高校中，其教师队伍表现出年轻化特征，老年教师比例过小，这实际上并不利于地方本科高校转型发展。青年教师固然有较高的学历，但在教学时通常会存在以下问题。

首先，青年教师的职业意识相对偏弱。地方本科高校引进的青年教师具有较高的学历和素质，具备丰富的理论知识，但在教学、社会服务以及专业技能方面有所欠缺。因此，青年教师局限在高校的任务是搞科研或搞教学的思维中，并不具备服务地方社会经济发展的职业意识。

其次，青年教师的社会阅历有限。地方本科高校的青年教师，大都是毕业后直接走上讲台，其接触社会的机会有限，社会阅历也十分有限，更不会了解地方经济发展、产业布局等。因此，青年教师在社会和市场对人才的需求方面容易出现偏差，其培养的学生一般无法很快适应市场需求。

最后，青年教师对专业技能不够重视。青年教师往往过于重视课本理论知识的传授，忽视培养学生的动手实践能力，这会导致学生在日后的工作中无法很好地将理论和实践进行结合，影响职业生涯。

②"双师型"教师比例偏低。

"双师型"教师不仅具有丰富的理论知识，还具备丰富的实践经验，实践应用能力十分强大，可以培养学生专业理论知识和技能诀窍，在高校转型发展中起到十分重要的作用。

然而，在地方本科高校中，"双师型"教师的数量较少，往往会出现在进行实践课程时，没有实践经验丰富的教师进行指导的情况。地方本科高校要想实现顺利转型，必然需要相当数量的"双师型"教师。有数据显示，在地方本科高校中，"双师型"教师的比例只有 20% 左右，这远远达不到高校对"双师型"教师的数量要求，因此地方本科高校要引进或培养更多的"双师型"教师。

③高学历教师比例偏低。

近几年，地方本科高校不断引进高学历教师，如拥有博士学位和硕士学位的教师，但整体看来，高学历的教师比例仍旧偏低。拥有高学历的教师，其知识结构比较合理，具有深厚的理论学习基础，可以很好地为学生传授理论知识，并可以在科学研究上面取得较为优秀的成果。

有数据显示，我国地方本科高校拥有硕士学位的教师占据教师总体的一半左右，拥有博士学位的教师只占四分之一左右，而由于各地方本科高校之间差距较大，有些新建地方本科高校拥有博士学位的教师仅占一成左右。总体来看，我国地方本科高校教师队伍的总体学历层次还比较低，因此地方本科高校需要引进或培养高学历教师。

（2）高校教师实践教学能力较弱

地方本科高校转型是朝着"应用型、地方性"的方向发展，其转型需要利用自身的教学资源，培养应用型创新人才，为地方提供经济、文化服务，因此地方本科高校必须树立服务社会的意识。

然而，地方本科高校中的教师存在服务社会的意识淡薄，其实践教学能力较差等问题。无论是新引进的高素质、高学历的青年教师，还是高校中原有的中老年教师，往往具备丰富的理论知识，缺乏实践经验，其原因主要体现在以下方面（见图1-10）。

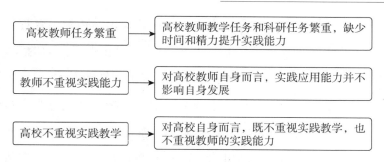

图 1-10　高校教师缺乏实践教学能力原因

① 由于高校中的教师数量有限，为满足高校的教学需求，高校教师不得不担任多门课程的教学任务，其教学工作量十分繁重。同时，高校教师承担着科研项目的研究任务，导致高校教师没有多余的时间和精力设计实践教学环节，也很少有时间去提高自身的实践能力。

② 对于高校教师自身而言，尽管其缺乏在实际企业工作的经验，但自身具有丰富的理论知识基础，对理论教学不会造成太大影响，加上高校对实践教学并不重视，导致高校教师并不重视自身的实践能力。此外，在评选职称时，大多数高校总是以科研成果作为标准和指标，不会对高校教师造成制约和压力，因此高校教师不够重视自身的实践能力的提高。

③ 高校对于教师的实践能力不够重视，主要体现在两个方面。一是高校教师培训工作并未及时展开。相当数量的高校教师在实践教学方面能力较弱，但很少有高校针对高校教师的实践能力而展开相关的培训。二是高校对实践教学基地建设不够重视，其校外实习基地数量较少。因此，高校教师在培养学生实践能力时，受到一定外在因素的限制，难以培养应用型创新人才。

（3）高校教师知识结构有待优化

从经济学角度来看，知识可以分为四类，即事实的知识、自然原理和规律方面的科学理论知识、技能和诀窍方面的知识、人力资源方面的知识（见图 1-11）。

图 1-11　知识的分类

地方本科高校教师具有高学历、高职称，但其知识结构并不合理。例如，地方本科高校教师具备比较丰富的科学理论知识，但技能和诀窍方面的知识有所欠缺，地方本科高校转型之路探索从而无法顺利培养出应用型创新人才。

除此之外，地方本科高校教师由于种种因素的影响，难免忽略自身专业知识的更新，其知识的内容与知识的范式都比较陈旧。前者主要体现在具体知识方面，后者体现在整体和研究知识的方法和思路方面，这会导致许多反映现实情况的新理论和新观点不能及时传授给学生，学生最终不能合理运用新兴学科的知识。

总之，在教师自身的知识结构方面，地方本科高校教师对知识的其中某一类或几类比较熟悉，不能较为全面地掌握知识结构，并且知识内容与范式有时不能及时更新。因此，地方本科高校教师应该努力拓宽自身的知识结构，使自身的知识更加适应社会的需要。

（4）高校教师重视科研忽视教学

对于高校教师来说，其本职工作是培养学生成才，为学生传授知识和技巧。然而，随着时代的变化，地方本科高校教师越来越重视科研而忽视教学，主要体现在以下两个方面。

① 近年来，随着高校专任教师数量的增加，高校中的职称岗位数却没有相应增加，远远不能满足高校教师的需求，导致高校中的教师过于关注职称评定，甚至将职称晋升作为自身的终极目标，存在功利化倾向。这样的倾向导致高校教师越来越重视科研，因为科研是衡量教师专业水平的重要标准，从而使高校教师不再关注教学，使得教学和科研脱离，联系不再紧密。

② 地方本科高校过于关注自身的发展，忽视了教师专业发展的多样需求，仅是从自身出发对高校教师提出各种要求，没有建立有效的互动沟通机制。因此高校教师不能发挥自身的主观能动性，使高校教师在专业发展方面产生浮躁的心态，对教学不再那么关心。

4. 在教学实践方面的问题

尽管地方本科高校的发展越来越好，其办学条件日益改善，但在教学实践方面，仍然存在这样或那样的问题，这是制约高校转型发展的因素之一，其问题主要体现在以下方面（见图1-12）。

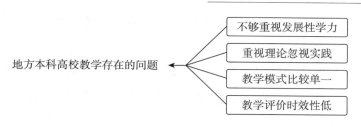

图 1-12　地方本科高校教学存在的问题

（1）不够重视发展性学力

所谓学力是指学生通过学习获得的能力，包括基础性学力和发展性学力，前者以基础知识和技能为中心，重点在于对知识和技能的记忆和再现，后者以解决问题和创新创造为中心，强调人的思考和发展。在知识经济时代，学生仅仅具有基础性学力是远远不够的，必须对加强其发展性学力的培养，以获得全面发展。

目前，地方本科高校很重视对学生专业知识和技能的培养，对基础性学力培养十分关注，却忽视了发展性学力的培养，具体现在以下方面。

① 忽略问题的积极引导作用

有时问题并不是困难的开始，而是创新的开始。如果学生拥有好奇心，凡事都会问为什么，能否可行等问题，这样可以极大地促进其学习效果，并进行创新和创造，这是引领教学深入开展的关键因素。可以说，正是这一个又一个的问题，促使学生去思考，去寻找答案，让学生在问题中学会思考、学会创新。

目前，地方本科高校的教师对问题的引导作用并不积极，总是过多地依赖教材文本，导致学生总是"循规蹈矩"，其思维无法进行突破和创新，形成思维路径依赖，将自己的思维锁定在固定的状态中，在新的情境中难以突破思维并灵活地解决问题。

② 忽视科学发展前沿成果

地方本科高校毕业生大多数会直接进入社会的各个领域之中，具有接触到应用型工作的机会，这意味着，其进行创新的机会比较多。因此，地方本科高校必须培养人才的创新精神，将其已有的知识和未知的知识结合起来，不断进行创新，在教学方面就需要了解最新的科技前沿知识和成果。

目前，地方本科高校在教学方面，很少和科技前沿知识联系起来，很多高校自认为科研实力不足，从而不敢关注最新的科技前沿知识和成果，认为没有必要。实际上，在创新的道路上，无论是应用型创新人才，还是学术型研究人才，都有权利和能力去创新。此外，地方本科高校在教学上缺乏质疑精神，不敢去质疑所谓的"真理"和"权威"，这极大地影响着学生的批判意识和自我精神。因此，地方本科高校需要关注学科前沿，并将学科前沿知识和成果融入课堂教学。

（2）重视理论忽视实践

由于我国高校的课程是以学科为中心进行设计的，因此其教学内容存在内在的逻辑关系，传授学生的专业知识比较系统，不能兼顾对专业知识的综合与应用，导致理论和实践分离，联系并不紧密。

首先，在课堂教学方面呈现出线性结构的学科知识，主要表现在课程就是学科方面。实际上，现代社会不断发展，人类面临的问题日益复杂，单一的学科已经很难解决实际生活中遇到的问题，需要综合多个领域和学科的知识进行统筹解决。同时，学术界开始积极尝试跨学科的调整，其知识综合化的趋势越来越明显。然而，地方本科高校依旧沿用之前的课堂教学方法，片面强调学科体系的系统性和完整性，这无疑会割裂和其他学科或领域的联系，导致学生的知识范围越来越窄，并影响学生对知识体系和世界的认知。目前，不少地方本科高校对课程的融合进行探索和尝试，如增加各种类型的选修课加以补充，但学科之间的隔阂十分深远，需要很长的时间进行融合。

其次，地方本科高校的教学内容和实践分离。高校的课程内容知识结构单一、知识口径较窄、具体知识较为陈旧，在进行教学活动时，地方本科高校的教师往往传授结论性或事实性的知识，很少涉及在生产实践中可以用到的经验知识和技能知识，导致学生"知其然，不知其所以然"，不够了解知识在社会生产实践中的应用，其理论脱离实践。对那些反映现实状况的新理论、新观点和新技术，高校并不能及时在课堂教学中呈现，这会严重影响学生对于新兴交叉学科的认知，对其知识不能进行合理充分利用，不能和实践及时联系起来。同时，这种情况还会导致地方高校不能把握对知识的及时掌握，影响高校在科学研究和社会服务方面职能的发挥，导致高校不能及时敏锐地感知社会发展动态。

（3）教学模式比较单一

高校的课堂教学应该是鲜活的，充满生命力的，且没有固定的模式。课堂教学是如何开始、如何转折、如何结束的，这些问题并没有固定的答案，没有固定的模式，因此高校教师需要关注的是如何水到渠成，如何让学生有效掌握理论知识和技能，而不是硬性规定教学模式。

目前，地方本科高校的课堂教学模式比较单一，多以"传递—接受"的教学模式进行，即高校教师以教材为中心，以传授知识为主要教学目标，具有以下特点：教师是知识的实施者和监控者，学生是被动接受者；教材是学生进行学习的唯一内容，是获取知识的主要来源；应试指标是对学生进行考核的唯一尺度，即谁背得多、记忆好，就容易获得高分。这种教学模式严重制约了学生创新能力的发展，并不利于师生在教学过程中的交往互动，主要体现在以下两个方面。

① 忽视学生的主动性和创造性

这种机械化的获取知识的行为，虽然可以使学生在短时间内获取相关的学科知识，形成知识结构和体系，然而从长久来看，这种教学模式忽视了学生的主动性。学生都处于被动接受知识的状态，不符合现代社会对人才培养的要求，严重制约了学生的主动性和创造性。

② 师生之间互动受到限制

在这种教学模式下，师生之间的互动是单向的，其互动有限。在某种程度上来说，教学是一种交往行为，教师和学生在教学中开展思想上的交流和沟通。学生可以通过交往的过程学到新的思想、观点和知识，高校教师也可以在和学生思想的碰撞中，开拓自己的思维，实现教学相长。然而，在这种教学模式下，高校教师具有绝对的"权威"，使师生关系变得不再平等，课堂模式化运作，难以进行积极有效的互动，创新和启发就更无从谈起。总之，地方本科高校需要采取一定的措施，改变传统的教学模式，提高教学质量。

（4）教学评价实效性低

教学评价是高校进行教育评价的基本形式之一，可以促进学生发展、提高高校教师的教学水平，如通过分析课堂教学评价，高校可以得出较为实用的信息和反馈，促进高校教师对自己的教学活动进行评价和反省，然后有针对性地改善自身的教学活动，从而提高教师的专业素质和教学能力，提高教学质量。

现阶段，地方本科高校在教学评价方面有所欠缺，其教学评价并没有发挥其应有的作用，即没有促进教师教学水平的提高，主要表现在以下方面（见图 1-13）。

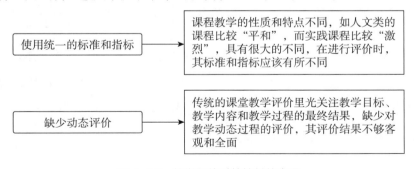

图 1-13　教学评价时效性低的表现

① 对不同性质和特点的课程教学，地方本科高校都会按照统一的标准和指标进行衡量。

众所周知，高校中的课程类型多样，如通识课程和专业课程差别很大，高校教师在进行课堂教学时，会采用不同的形式和方法，如果采用同一种教学评价，难免会有失偏颇。同时，高校过于注重教学评价结果，将评测结果和行政性奖惩联系得太过紧密，导致高校教师会过于注重评测结果，对学生"放水"，疏忽职守，不能严格要求学生，做到恪尽职守，甚至有的教师会将考题泄露给学生，以达到提升课堂教学评价的目的，这些现象严重背离了教学评价的初衷。

② 高校多采用静态的量化评价，缺少动态评价。

在课堂教学评价方面，地方本科高校多围绕教学目标、教学内容、教学设计、教学任务等进行量化评价。然而，在实际的课堂教学中，教学任务的准备过程和教学过程效果等动态过程，高校缺乏有效的监督和评价。这些动态过程对提高课堂教学质量有十分重要的作用，缺少这些评价标准，会使课堂教学评价不够严谨，其评价程序不够可靠和客观。此外，高校在进行课堂教学评价时，并没有和国内同类型的大学进行横向比较，难以全面、客观地评价课堂教学方面存在的不足。

简单来说，地方本科高校人才培养目标设置不合理，出现这些问题的原因有以下四个方面。

① 在具体的教育教学过程中，地方本科高校的教学模式不合适。教学模式在人才培养中起到非常关键的作用，而现有的教学模式比较传统，大多是讲授理论知识，因此不能培养出应用型人才。

② 地方本科高校的师资队伍结构不合理，现有的教师大多具有传统学术型大学的背景，本身没有太多的实践经验和技能，缺乏实践课老师，自然难以培养出实践能力强的学生。

③ 地方本科高校不能为学生提供充足的实践机会，这会导致学生无法在实践中提升自身的实践能力，更不能了解自己将要从事的工作性质、需要掌握的技术和能力等，最终无法满足用人单位的需求。

④ 地方本科高校过于重视对理论知识的掌握而忽视实践。在教学评价方面，很多地方本科高校利用传统的纸笔考试方法，强调学生对理论基础知识的记忆，但对实践课的考试却十分随意，这种情况会打消学生在实践方面的积极性。

5. 学科和专业设置方面的问题

（1）学科设置不合理的原因

21世纪，我国对高校的管理基本形成中央政府和地方政府两级管理，并以地方政府管理为主的高等教育管理体制，这意味着地方本科高校将难以获得中央政府的资金，其资金将会受到极大的限制。在这样的形势下，地方本科高校不得不采取相应的措施降低经济危机，这些措施加剧了学科发展的不合理，主要体现在以下方面。

① 由于地方政府对地方本科高校的投入较少，为增加办学经费，高校开始盲目扩大招生规模，这不仅会使原有的教育资源被稀释，更会使得人才培养质量下降。

② 地方本科高校为吸引更多的生源，不顾学校发展的实际情况，开设"热门"专业，但这些热门专业通常无法及时配备专业的师资队伍、教育资源等，对其人才培养规划也不甚清晰，这些都会导致人才培养质量的降低，出现大量毕业生难以就业的情况，影响高校的声誉。

③ 地方本科高校大力发展低成本专业。很多低成本专业实际上并不能满足社会的需求，是应该被淘汰的，但高校为了降低办学成本，会大力发展这些专业，这同样会导致大量毕业生难以就业，不仅影响学校的声誉，更会让学校的学科发展受到严重制约。

（2）学科发展设置的不合理，主要体现在以下四方面

① 地方本科高校专业基础薄弱，其学科专业科研水平较低。以国家级科研项目为例，高校承担着近一半的国家级科研项目，尤其是知名大学，但地方本科高校专业薄弱，只承担了很少的一部分，和中央部委直属本科高校差距明显。

② 地方本科高校学科专业定位不当，并没有分析自身的优势和特点，而是盲目跟风，名校设置什么专业，自身就设置什么专业，力求所设立的专业全面，强调"综合性"，无视自身在资源方面的短板和局限，这必然会导致地方本科高校专业定位不当，最终"画虎不成反类犬"，和名校的差距进一步加大，加剧高校之间的同质化问题。

③ 学科专业团队薄弱。高校的学科要想获得进一步发展，就需要更多的相关领域的科研人才。很多地方本科高校科研水平不高，很难靠自己培养出学科带头人，也很难从外校引入科研实力较强的科研人才，这些因素都加剧了地方本科高校科研队伍薄弱的问题。

④ 学科研究不重视实践应用。地方本科高校在进行学科研究时，其研究成果往往以论文的形式发表，对于那些实践性较强的学科研究来说，仅仅有基础理论方面的研究是远远不够的，还需要产品、技术等形式来呈现研究成果。这种利用论文来衡量教师的科研成绩的形式，最终会阻碍学科研究的发展。

（3）专业设置的不合理，主要体现在以下几个方面

① 专业结构设置不合理

首先，专业设置缺乏特色。不少地方本科高校的办学时间并不长，其专业建设的时间也比较短，即使是办学时间较长的高校，由于扩招的影响，新建了很多新专

业。这些专业有的是在原有的专业基础上派生出来的，其课程、教学内容等和以往的专业区别不大，缺乏自己的特色；有的专业是重新设置的，高校没有相关基础和经验，其专业建设起步晚、底子薄、经验少，需要不断探索，因此很难形成自己的特色。

其次，专业设置方面存在交叉现象。学科的不同研究方向可以设置为不同的专业，但在实际应用中，需要高校进行统筹，否则很容易出现同一个学科的相关专业在不同的院系中都在建设，专业出现交叉设置的问题。这不仅会造成师资力量和教学资源的分散，还会对教学资源造成浪费，并且影响专业设置的优势。

再次，很多地方本科高校的专业结构不合理，不符合经济社会发展规律。其主要体现在人才结构失衡方面：传统产业人才多，高新技术领域人才少；单功能人才多，复合型人才少；管理型、研究型人才多，实用性技术人才少等。这些人才结构失衡的现象，从侧面反映出地方本科高校专业机构不合理的问题。

最后，专业建设经费紧张。在专业进行建设时，需要大量的人力、物力和财力进行后续建设，由于高校设置的专业众多，其经费有限，往往会导致专业建设不能顺利进行，不仅会影响新专业的建设，还会影响原有专业的优势。

② 专业建设缺乏长远规划

1999 年，我国高校开始扩招，这推动了高校的快速发展大批专科性质的院校升级为本科院校，而这些升级后的院校大多属于地方本科高校。由于成立时间较短，大多数地方本科高校在专业建设方面的认识有所欠缺，缺乏对专业建设的长远规划，对专业布局认识也不够清晰，表现在以下方面。

首先，地方本科高校为追赶"潮流"，在专业设置方面往往急于求成，盲目跟风设置专业。在专业方面缺乏社会对人才数量和质量需求的调研，不了解当地企业或行业对人才的实际需求脱离地方经济发展；也缺少对地方经济发展的深入调查，使得高校设置的专业不能满足实际需求。

其次，专业设置前期缺少调研，会给后续带来很多不利影响，最直接的体现就是在专业课程方面缺乏自己的特色，导致人才培养模式过于相似，学校毕业生在以后的就业竞争中缺乏优势。

再次，地方本科高校转型的方向是应用型，因此其专业设置和专业课程是地方本科高校的基础和前提，如果专业建设缺乏长远规划，其人才培养、办学特色很容易受到不利影响，进而不利于高校的长远发展。

③ 地方高校间专业设置重复

由于我国人口基数众多，一所地方本科高校无法满足人民的需求，因此在某个区域内，往往会出现多所地方本科高校。同时，中央政府和地方政府对地方高校在高校布局和专业设置方面缺乏相应的指导和调控，因此地方本科高校不从自身特点和优势出发，不从自身的实际办学条件出发，而是对热门专业情有独钟，片面追求专业设置的类别、数量等，导致各地方本科高校，尤其是同一地区的不同高校之间，在专业设置上没有太大差别，专业设置重复。具体表现为热门专业招生数量大，专业布点多；冷门专业招生数量小，专业布点少。

地方本科高校专业设置重复，不仅会造成资源的浪费，还会造成高校毕业生结构性失调，实现低效的投入产出比。从地方经济发展的角度来说，同一地区的不同高校之间的专业设置重复会制约地方经济的发展，出现人才结构性短缺和人才结构性过剩同时存在的现象。因此，地方本科高校在专业建设方面，需要突破原有的办学模式，立足于地方的经济发展和行业人才需求，不断创新专业建设。

6.服务地方的能力不足

地方本科高校可以凭借自身的科研特色和优势，为地方政治、经济、科技、文化发展提供服务，这不仅可以提升地方本科高校在当地的影响力，还可以增强当地社会对高校的资源投入程度。

实际上，我国地方本科高校普遍存在服务地方的能力不足的问题，这个问题会导致较为严重的后果，即地方政府对高校的非财政拨款将会减少。那么，是什么原因制约了地方本科高校服务地方的能力呢？具体表现在以下方面（见图1-14）。

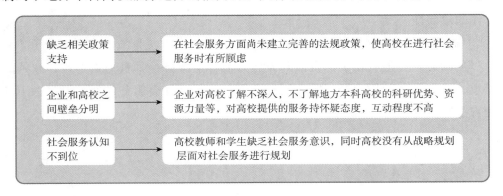

图 1-14　制约地方本科高校服务地方能力的原因

（1）缺乏相关政策支持

"众人拾柴火焰高"，地方本科高校要想实现更好的发展，除了自身的努力之外，还离不开各方力量的扶持和帮助，需要地方政府颁布相关的政策对高校发展提供支持，尤其是在社会服务方面建立完善的法规政策。由于缺少相关的政策支持，地方本科高校在社会服务方面显得"畏手畏脚",不敢过多深入,因此在产学研合作方面,和企业进行相关合作进展缓慢,使科技成果难以转化为现实的生产力。

（2）企业和高校之间壁垒分明

在传统社会,高校和企业属于不同的领域,其联系并不紧密,这使得企业对高校的了解不足。然而,现代社会,高校和企业之间的合作日渐频繁,联系密切,企业对高校的了解日益加深,尤其是产学研合作的进行,高校和企业之间的壁垒被逐渐打破。不过,从整体来看,高校和企业之间的互动程度并不高,企业对高校仍缺乏了解,对高校提供的服务持怀疑态度,这些情况实际上限制了高校的进一步发展。

（3）社会服务认知不到位

对地方本科高校而言,服务社会、地方是其生存和发展的保障。然而,很多地方本科高校尚未意识到这一点,对服务社会不够重视,主要表现在以下方面。

① 在高校的长远规划中,缺少对社会服务的重视,没有将其作为战略重点进行统筹规划。例如,很多地方本科高校并没有成立专门负责社会服务的部门,其社会服务工作相对分散;对广大教师和学生在社会服务方面进行的考核要求较低,教师和学生在社会服务方面积极性不高;缺乏对社会服务制度和规则制定,从事社会服务活动时没有相关的规章制度作为引导。

② 地方本科高校的教师和学生不支持、不理解社会服务工作,其社会服务认识不到位,导致社会服务工作很难顺利开展;也这可能是因为高校师生一直处于"象牙塔"中,认为地方社会的发展与自身无关,习惯了埋头做学问,而忽视了社会服务工作的重要性。

③ 缺乏必要的服务社会的条件。某些地方高校由于自身条件限制,处于"有心无力"的状态,如没有相关的资源和设施开展社会服务;师资力量不足,教师的任务繁重,没有多余的精力和时间开展社会服务工作;社会服务的经验不足,不知从何处着手等。

第 2 章　地方本科高校转型方向与目标

　　我国已经进入高等教育大众化时代，地方本科高校占据了高等教育学习的半壁江山，其发展不能和传统高校的模式相同，需要打破精英教育的模式，走出适合自身发展的转型之路。

　　目前，地方本科高校面临的重要任务就是转型，但高校该如何转型呢，或者说高校转型的内容有哪些、思路有哪些呢，这些是地方本科高校转型需要研究的问题，同时需要在转型过程中了解自身的现状，从全局出发，抓住关键点，办出属于自身的特色。

　　本章主要介绍了地方本科高校转型的内容和思路，并对地方本科高校转型的关键进行了分析。

2.1　地方本科高校转型的必要性

　　随着高等教育大众化的发展，高校之间"同质化"问题日趋严重，经济社会发展和高等教育多样化的矛盾日益突出，转型发展成为高校的基本共识，对于地方本科高校来说，更是如此。

　　那么，地方本科高校为什么要转型，或者说地方本科高校转型的意义和作用有哪些，本节将对这些问题做简单介绍。

2.1.1　高等教育综合改革的需要

　　目前，经济基础方式在慢慢转型，而经济基础是包括经济基础方式的。那么，高等教育也要去转型，因为上层建筑是包括高等教育的。只有高等教育随之对应，社会发展速度才能更加畅快。

　　近年来，国家对本科职业教育十分重视，《国务院关于加快发展现代职业教育的决定》中指出，"引导一批普通本科高等学校向应用技术类型高等学校转型，重点举办本科职业教育"。同时，《现代职业教育体系建设规划》中指出，"支持定位于服务行业和地方经济社会发展的本科高等学校实行综合改革，向应用技术类型高校转型发展"。2021 年 3 月 11 日，十三届全国人大四次会议通过了《中华人民共和国国民经济和社会发展第十四个五年规划和 2035 年远景目标纲要》（简称"十四五"规划），在"十四五"规划中提出，"推进高等教育分类管理和高等学校综合改革，构建更加多元的高等教育体系……建设高质量本科教育，推进部分普通本科高校向应用型转变。建立学科专业动态调整机制和特色发展引导机制，增强高校学科设置针对性，推进基础学科高层次人才培养模式改革，加快培养理工农医类专业紧缺人才"。

从上述政策中，我们可以看到国家越来越重视高等教育体系的建设和发展，要求建设高质量本科教育，地方本科高校不仅是高等教育体系的重要组成部分，同时是普通本科高校的中坚力量，其转型发展成为必然趋势。

当今时代，需要更多的复合型、专业型人才，然而，由于高校之间的竞争，加上共用一个评估标准等因素，导致教育资源被滥用，甚至被闲置的现象，在培养人才时，忽视自身的实际情况，脱离社会实际需求，导致不能满足社会对高校的需要。因此，要求高校办学多样化，地方本科高校转型迫在眉睫，需要探索与传统大学不同的发展模式，为国家和社会输送不同类型的专业人才，这是高等教育综合改革的需要，也是优化高等教育结构的必经之路。

2.1.2　实现高校进一步发展的需要

地方本科高校要想实现进一步发展，就必须摆脱目前的困境，获得新的发展方向，抓住发展机遇。

为推动高校转型发展，教育部、国家发展改革委、财政部于 2015 年 10 月 23 日联合发布《关于引导部分地方普通本科高校向应用型转变的指导意见》，对地方普通本科高校转型发展的主要任务、基本思路、推进机制和配套政策等做出部署，为其提供转型发展的政策支持和方向。

教育部高度重视应用型高校建设，近年来采取一系列措施，引导部分地方普通本科高校向应用型转变，促进应用型高校提升办学水平和综合实力。2021 年 9 月 9 日，教育部网站公布对"关于加快建设高水平应用型大学的建议"的答复中提出，"教育部将继续加大对应用型本科高校的支持，通过'支持地方高校改革发展资金'等专项资金，对开展向应用型高校转变改革试点成效显著的地区给予适当倾斜；指导转型高校密切跟踪、准确把握地方经济结构调整、打造一批地方与行业急需、优势突出、特色明显的学科专业，建立紧密对接产业链的专业体系"。

从上述意见和建议中，可以看到教育部高度重视地方普通本科高校的发展，在资金和政策方面更是加大支持力度，这不仅是地方本科高校转型发展的机遇，同时是地方本科高校自身进一步发展的需求。

地方本科高校必须根据社会的需求及时转变办学模式，更新办学理念和培养人才的方式，走上与传统本科大学不同的发展道路。首先，地方本科高校需要明确自身的办学定位，对自身的专业设置、办学模式等进行改革，使之符合当前社会的需要。总之，地方高校的转型是实现进一步发展的需要，是摆脱当前困境的出路。

2.1.3　满足社会科技进步的需要

当今时代，科学技术发展十分迅速，传统的人才培养模式和结构越来越不能满足当前社会发展的需要。社会经济的发展对高等教育提出了更高的要求。

首先，传统培养人才结构和模式越来越不适用于科技进步的需要。现代科学技术进步的速度不断加快，传统的人才培养需要的周期长、速度慢，显然无法满足社会对科技人才的需求。

其次，社会科技的进步将会进一步影响高校的办学新形态和人才培养模式。随着科学技术的进步，社会对高素质、高科技人才的需求量进一步增加，这意味着高等教育的规模将会进一步增长，尤其是应用技术类型高校，将会加速发展。

最后，传统高等教育通过建立学科、专业、课程体系等方式，将人类的科学知识成果进行系统化，然后传授给高校学生。然而，这样的培养模式很难培养出应用型、职业型人才，其培养出的人才无法很好地做到学以致用，也无法满足社会对人才的需求。

面对产业技术革命，我国许多高校并不能明确转型发展的定位，更谈不上深层次的系统性改革。在这样的背景下，地方本科高校必须谋求自身的发展，改变传统的教育模式，加快转型发展的步伐，这是满足社会科学技术进步的需要。

2.1.4　满足中国经济发展的需要

经济发展和高等教育看似有很大的距离，实际上二者关系很密切。经济的发展可以有效推动高等教育的发展，同时高等教育的发展会加速社会经济发展，这二者相互依存、相互成就。

"科技是第一生产力"，从这句话中，我们可以看到科技对于经济发展的影响和作用。并且，在科学技术的创新和应用中，教育扮演着很重要的角色，教育可以加快科技创新的速度，其地位举足轻重。同时，国务院常务会议中，清晰地定义了职业教育和科技进步的关系，强调了现代职业教育的关键作用。

因此，高等教育、职业教育在经济发展中越来越重要。随着社会的进步、生产力的进一步提高，可以说，未来将会由技术密集型劳动创造社会的经济价值，这更加凸显出高等教育的价值。

高等教育正面临着巨大的挑战和机遇，而地方本科高校作为高等学校的重要组成部分，更是首当其冲。引导地方本科高校转型发展，不仅是社会经济发展的需要，还是地方本科高校长远、持续发展的机遇。

2.2 地方本科高校转型方向

地方本科高校转型的目标是培养本科层次的应用型技术人才，即高校毕业生不仅需要接受理论知识的培养，还要掌握一定的技能，做到学以致用。培养本科层次的应用型人才十分有必要，不仅可以连接中职、专科层次的人才，还可以连接硕士层次的应用型人才，可以说，本科应用型人才打通了技术人才的上升通道，构建起了各个层次的人才培养体系。

地方本科高校的转型发展，有利于解决我国高等教育发展同质化、重数量轻质量等问题。本章重点讨论地方本科高校转型方向，并对相应转型发展方向做出分析。

2.2.1 加强地方本科高校的地方服务

地方本科高校转型的方向之一是加强对地方的服务，其关键是要展现地方特色。根据本校的实际情况，选择服务地方的模式，在这方面，国外的探索要早于中国，我们可以借鉴这些模式，从中找到属于中国的地方本科高校的地方服务。

1. 常见的服务地方的模式

国外的高校服务地方的模式已经相对成熟，并取得了一定成效，常见的服务地方的模式有高校主导模式、产学研三结合模式、共生模式（见图 2-1）。

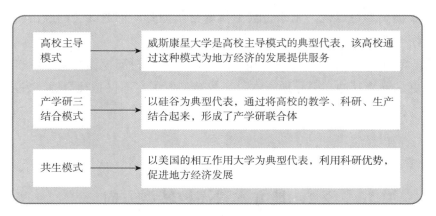

图 2-1 常见的高校服务地方的模式

（1）高校主导模式

在该种模式中，高校占据主导地位，其主要特征是积极为地方经济建设提供服务，主要体现在以下方面。

① 大学是培养人才的地方，同时是传播知识的地方；不仅需要为学校的学生服务，还应为地方提供知识服务。其可以在当地开设短期课程，传播相关的知识，将知识推广到当地。

② 大学是人才的摇篮，各学科专家都具备较强的专业知识，有自己独特的优势，可以将各学科专家引进当地政府，并担任顾问或相应的指导工作，积极为当地政府建言献策。

③ "纸上得来终觉浅，绝知此事要躬行"，可以让大学中的研究生和本科生积极参与社会服务，在为社会服务中贡献自己的力量，同时在实践中加速自身的成长。

在高校主导模式中，我们可以看到，学校的发展和服务当地经济有着莫大关系，学校和地方经济形成了良好的互动关系，且高校处于主导地位，为地方经济的发展提供单向服务。

（2）产学研三结合模式

二战之后，各个国家逐渐意识到大学在国家或地方经济、社会发展中的作用，加上威斯康星大学办学理念的影响，各国高校开始探索新的服务地方的模式，逐渐形成了产学研三结合模式。

产学研三结合模式将高校的教学、科研、生产结合起来，形成了具有特色的产学研联合体。在这种模式下，高校不再占据主导地位，而是和地方经济、政府处于平等地位，是休戚与共的伙伴关系。通过产学研三结合模式以及高校的不断努力下，硅谷逐渐成为美国高新技术的摇篮。

（3）共生模式

共生模式是指地方本科高校和地方经济共同发展的模式，其满足了新时代、新经济的需求，以美国的相互作用大学为典型代表，主要有以下两种形式。

① 发挥智力优势，拓展服务范围。随着社会的发展，人们越来越意识到教育对于经济发展的重要性；同时，社区对新型高等教育的需求也越来越强烈。在这种情况下，南缅因大学开始探索新的服务地方的模式，根据社区的需求和本校的实际情况，发挥自身的智力优势，专门为地方经济服务，创建了特色学院。目前，这所大学已经成为探索新型大学模式的成功案例。

② 利用科研优势，促进地方经济发展。卡内基梅隆大学的科研实力较强，该高校利用自身的科研优势，紧密结合当地的经济发展情况，积极创办高技术公司，并将自身的科学技术应用到公司的实际生产经营之中，通过技术转让、技术入股的方式，研发新产品，提升地方工业产品的附加值，不断提升匹兹堡的经济发展水平。20 世纪 80 年代初，匹兹堡的经济结构发生了重大改变，逐渐转变为高科技中心之一，这些经济发展的变化也进一步促进了相互作用大学的发展，使其更加欣欣向荣。

从上述案例中，可以看到，地方本科高校对于地方经济发展的促进作用，也可以看到地方经济发展对地方本科高校的推动作用。总之，地方本科高校需要找准自己的优势，明确自身的办学定位，积极为地方经济服务，才能获得进一步发展。

2.地方本科高校向地方服务的策略

（1）秉持地方理念

地方本科高校并不是教育部直属高校，具有为区域经济社会发展培养人才、开展科学研究、提供社会服务以及传承引领文化的职能。因此，其发展需要秉持地方理念，需要做到以下三点。

① 坚持服务地方的办学定位。在对办学定位进行规划时，地方本科高校需要做到服务对象明确，即为当地经济、社会、文化等方面服务，并对办学目标进行规划，其培养人才的标准可以满足当地行业的需求，同时彰显自身的办学特色。

② 充分利用地方资源。地方本科高校的办学资源，如生源、教育资源、文化资源等来自地方，为了更好地获取这些办学资源，地方本科高校需要和地方政府或其他组织进行沟通交流，并获取当地政府的支持。地方本科高校应充分利用地方独特的行业、企业资源优势，加强在人才培养、学科建设、师资队伍建设等方面的建设。例如，可以为学校搭建广阔的交流合作平台，邀请政府官员、行业代表、杰出校友等进行沟通交流。

③ 广泛听取地方意见。地方本科高校依托地方而成立，其生存土壤就是地方，

因此有必要听取地方意见。院系、学术组织、教职员工、学生全体等都有对地方本科高校提出意见的权利，而地方本科高校应充分重视这些意见和建议，切实回应、协调、保障各方关注的问题，坚持多向互动。同时，地方本科高校还应加强和地方教育行政部门、相关用人单位、社会贤达的沟通，听取他们的意见和建议，并争取政府的理解和支持。

（2）展现地方特点

所谓地方特点，是指地方本科高校存在的地方特色，主要体现在五个方面：人才培养特色、学科建设特色、科学研究特色、文化传承与创新特色、社会服务特色。

① 人才培养特色。地方本科高校的价值主要体现在为当地经济社会发展提供源源不断的高素质应用型人才。因此，在人才培养方面，需要建立健全满足地方需求且特色鲜明的人才培养体系，并在章程中进行规定，其主要在以下五个方面体现地方特点（见图2-2）。

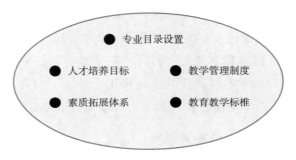

图2-2 人才培养中体现地方特点的方面

② 学科建设特色。学科建设是地方本科高校培养人才、开展科学研究、提供社会服务的重要平台，是高校的首要工作。

同时，学科建设是最能展现地方特点的方向之一，地方本科高校需要根据地方的主导产业或相关行业需求进行建设，搭建学科建设平台，在章程中明确规定学科建设的原则、发展目标、特色方向和战略规划，在章程的引导下展现学科建设特色。

③ 科学研究特色。科学研究是高校的基本职能之一，在进行科学研究时，高校需要在章程中明确其服务地方发展战略的指导思想，明确其服务地方实际需求的指导思想，并结合地方特点进行研究，找到其研究方向。尤其是在基础研究和应用研究方面，加强科学研究解决地方经济社会发展问题的能力。

④ 文化传承和创新特色。中华文化源远流长，地方文化亦是如此。每个地方或区域都有属于自己的文化传承和文化特色，地方本科高校应充分发挥这些文化优势，将地方特色文化作为研究对象和方向，对地方特色文化进行传承与创新，并结合文

化建设，最终实现地方特色文化的创新和推广。同时，本校也将在文化传承中获得进一步发展。

⑤ 社会服务特色。地方本科高校的社会服务对象是地方，因此必须明确立足地方、服务地方、协同地方、合作共赢的理念，整合高校的人才、科技和信息优势，促进科研成果的转化，为地方的发展提供智力支持。

（3）突破地方局限

地方本科高校之所以处在"上不去下不来"的尴尬境地，有很大的原因在于没有突破地方局限，而是将自身发展局限在某个方面。高校要想突破地方局限，就要深入分析时代环境、办学历史、办学经验等，可以从以下三个方面进行。

① 解放思想，更新观念。地方本科高校长久以来而是一直向学术型大学"看齐"，但实际上，这样的发展道路并不适合地方本科高校。随着时代的进步，服务地方经济社会发展观点的提出为地方本科高校指明了发展的方向，这既是机遇，也是挑战。地方本科高校应意识到时代的变化，及时进行转型发展，这是深化改革、助推发展的需要，其具体操作如下（见图 2-3）。

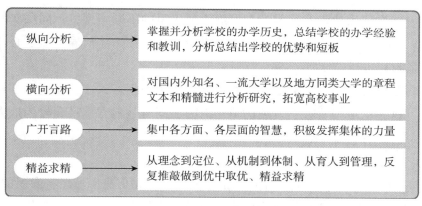

图 2-3　地方本科高校深化改革的具体操作

② 政校分开，管办分离。地方本科高校存在的突出问题之一就是政校不分、管办不离。与其他高校相比，地方本科高校在办学自主权方面有所不足，这主要体现在地方政府是地方本科高校的举办者。地方本科高校必须意识到这一点，举办者和办学者是完全不同的，不能混为一谈。办学者是独立的主体，对治理学校有直接的责任，通常包括党委、校长及其管理者团队。在实际应用中，地方本科高校有时无法明确举办者和办学者的权力和责任，因此出现政校不分、管办不离的问题，地方本科高校完全可以利用转型的机会，和地方政府（尤其是教育行政部门）进行沟通，实现政校分开，实现真正意义上的自主办学，其具体操作如下。

首先，明确政府的权力。地方本科高校可以根据国家颁布的法律法规等，将政府的权力进行明确划分，政府只享有法律法规规定的权力，给予高校更多的管理权力，减少其对高校不必要的干涉。

其次，行使高校的权利。地方本科高校要明确自身的职责和义务，学会管理自身，要充分行使办学自主权，对学校事务进行自我管理。

③ 大胆改革，突破创新。地方本科高校转型发展不仅是对以往办学经验的总结，还是对未来办学规划的憧憬，其转型工作需要大胆改革、突破创新。

要想实现地方本科高校的转型，就需要建立现代大学治理体系，对权力进行科学配置，如党委权力、校长权力等，做好师生民主监督工作，发挥出学术委员会、教学委员会的作用。

3. 地方本科高校向地方服务的路径

地方本科高校在服务地方的过程中，可以从以下路径出发，提升服务地方的质量。

（1）以区域经济社会发展的需求为导向

目前，我国国家建设和区域社会发展需要大量的不同类型、不同层次的应用型创新人才，地方本科高校作为人才资源的生产基地，在人才培养方面，必须向应用型创新人才目标进行转变。

高校需要发挥培养人才的职能，积极培养应用型创新人才，促进地方经济的可持续发展，这是区域经济社会发展的迫切需要，同时是地方本科高校为地方服务的路径之一。

（2）利用高校自身的科技优势和科研实力

地方本科高校是知识转化为生产力的主要力量，是促进区域经济发展的加速器，可以帮助解决地方经济建设中遇到的有关科技方面的问题，促进科学技术专业和科技的成功转化。地方本科高校应该充分利用自身的各种资源和科研优势，建立科研基地，为科研人员提供良好的科研环境，鼓励科研人员开发产品性成果，为科研成果转化做好基础保障。

将自身的科研成果进行转化，最终提高区域大众创业、万众创新能力，推动社会经济发展，是地方本科高校为地方服务的路径之一。

（3）积极构建政产学合作平台

政产学合作平台并不是只包括一个平台，其包括三个方面的合作，是指高校应该积极和政府、企业进行合作（如校地合作、校企合作、校政合作等），强调高校、产业和政府三者的信息和资源共享，其目的是提高科技资源的利用率，在知识领域、行政领域、生产领域形成统一的整体，促进区域社会经济发展。

可以说，构建高校、产业、政府三者之间的互动关系，构建政产学研合作是地方本科高校增强地方服务能力的有效路径之一。

2.2.2　创办地方本科高校的特色学科

特色学科是指在某个探究范畴或方向上科研水准较高，社会贡献较大，并获得社会大众认可的学科。与泛类学科相比，特色学科具有鲜明的竞争性和创新性。

高校发展的基础是学科建设，学科作为高校的主要组织成分，是衡量高校办学水平的标准之一，因此地方本科高校应积极建设特色学科，带动相关学科发展，进而提升自身的竞争力。这是地方本科高校的生存发展之本。

1. 特色学科建设的问题

特色学科建设对地方本科高校具有十分重要的意义和作用，但在实际建设过程中，由于高校自身的因素和教育形势的发展，难免会遇到困难和问题，主要体现在以下方面（见图 2-4）。

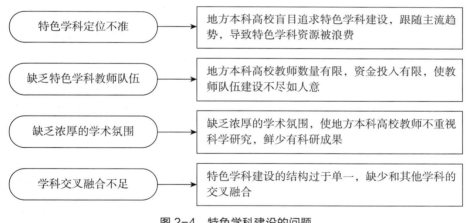

图 2-4　特色学科建设的问题

（1）特色学科的定位不准

地方本科高校的发展前景和学科定位密切相关，学科定位决定着高校的发展策略和目标，影响着高校分配物资、拟定计划甚至是治学特色。然而，地方高校在进行特色学科建设时，由于对自身实际情况和当地社会的实际情况掌握不够全面和准确，往往会出现特色学科定位不准确的情况，这会导致高校在进行特色学科建设时出现偏差，对办学条件、资金渠道和教学质量等不能进行准确考虑，最终使特色学科建设朝大而散的方向发展。

首先，地方本科高校过于追求特色学科建设，使已有的特色学科定位和综合性高校的学科定位重合，出现同质化现象。同时，地方本科高校在特色学科建设方面，倡导高水平、大规模发展，导致和高校自身的实际发展相脱离。

其次，地方本科高校的发展要契合国内外环境的需求，要跟上时代发展的步伐。这样的要求有时会使地方本科高校盲目跟从主流趋势，借鉴其他高校的学科建设模式，从而失去自身在学科建设方面的特色，不能培养出符合当地企业需要的人才，无法满足当地经济社会发展的需要。

整体来看，地方本科高校在对特色学科进行定位时，不能"随大流"，要注意分析自身已有的优势，并结合当地社会的经济、文化的发展，挖掘自身的特色，否则，很容易导致特色学科的资源被浪费，特色学科建设无法发挥出真正的作用。

（2）缺乏特色学科教师队伍

高校的职能之一是培养人才，人才并不是凭空出现的，需要高校教师的不断培养，而优秀的教师可以培养出优秀的人才，建设出色的学科。

对于特色学科建设来说，专业的教师队伍必不可少。可以说，高素质的专业教师团队是特色学科建设的前提；然而，由于地方本科高校的资金有限，加上高校在学科建设制度上的欠缺，外部政策条件的影响，地方本科高校的教师团队数量有限，科研实力较弱，一旦涉及特色学科领域中的核心知识，就"寸步难行"，无法进行深入研究，导致无法体现出其学科"特色"，很难取得重大的科研成果。

因此，在地方本科高校进行特色学科建设工作中，无论是在科研学术方面还是在学科教学方面，教师队伍水平不高是制约特色学科发展的一大因素，到最后特色学科难以凝练出特色。

（3）缺乏浓厚的学术氛围

"近朱者赤，近墨者黑"说明环境对人的影响十分明显。在高校教育中，浓厚的学术氛围对特色学科的建设可以起到事半功倍的效果。然而，在地方本科高校中，由于环境、风气等的影响，缺乏浓厚的学术氛围，使特色学科的建设变得更加困难。比如，高校教师不重视科学研究，其科研成果有限，在进行特色学科建设时，缺少竞争优势和鲜明的特点，这主要体现在以下方面。

缺乏浓厚的学术氛围，会使教师和学生不重视科学研究，对特色学科建设"漫不经心"。在进行特色学科建设时，将会影响到在该学科领域的创新和发展，并对特色学科的未来规划造成干扰。如果特色学科建设没有与之相对应的科研成果或学术支撑，那么该特色学科就如同无根之木，十分虚浮，最终成为镜花水月，无法被社会公众认可，更谈不上推广了。

缺乏浓厚的学术氛围会对特色学科教师队伍建设造成严重影响，会使特色学科教师对学科研究不够重视，过于依赖当前已有的科研成果和专业成就，导致特色学科教师队伍的专业水平下降。

总之地方本科高校由于缺乏浓厚的学术氛围，在开展特色学科建设时，总会面临各种各样的问题和困难。因此，地方本科高校需要营造浓厚的学术氛围。

（4）学科交叉融合不足

随着时代的发展，单一式学科已经不能满足社会的需求，地方本科高校特色学科建设的关键在于发展交叉式学科。然而，在地方本科高校中，由于院系的设置，使地方本科高校各个院系拥有独立的规章制度，导致学科之间的交叉融合变得十分困难，造成特色学科发展举步维艰，具体体现在以下方面。

地方本科高校的特色学科和其他学科之间缺乏互动融合，这是由于地方本科高校过于重视特色学科的发展，集中各种资源发展特色学科，而忽视了其他学科的发展。实际上，这样的做法并不能提升地方本科高校的整体实力和办学水平，反而因为忽视其他学科的发展，使高校的特色学科建设停滞不前。

学科之间交叉融合不足还会造成特色学科只能在单一学科领域中发展，和其他学科在基础设置、教师队伍、技术应用等层面造成差距，不能形成系统化的结构框架，难以实现特色学科健康、长远的发展。

总之，地方本科高校由于学科之间交叉融合不足，使特色学科难以系统、可持续发展，严重制约了特色学科的进一步发展。

2. 特色学科建设的思路

学科建设是高校发展的主题和基础，是高校发展关键性的环节，其核心是凝练学科研究方向，其根本是培养创新人才，需要具备专业的学科学术队伍、专业的学科平台、完善的运行管理机制。在进行特色学科建设时可以从以下方面进行。

（1）把握学科建设的方向

学科建设的方向是高校在办学过程中长期凝练、培育的结果。在学科建设过程中，需要高校把握行业需求，根据行业发展的规律，预测行业对人才的需求，并结合重大科学和技术问题，对学科方向进行战略性、前瞻性研究。

首先，地方本科高校需要把握当地社会的发展方向，明确优先领域、重点任务以及主攻方向，需要牢牢把握当地的产业需求和科技前沿，对其进行研究。

其次，在学科方向上，每个学科都有不同的特点，高校需要明确研究学科的研究重点，需要有所舍弃，舍弃为争取经费而跟着项目跑的做法，舍弃选题漂浮不定的做法，而是围绕学科发展，从整体上对学科进行研究，以"我"为主开展科研工作，从而实现优势学科引导型发展。

（2）建设教学科研平台

特色学科的建设离不开教学科研平台，教学科研平台为学科建设提供必要的基础设施，主要包括以下内容（见图2-5）。

图 2-5　教学科研平台的内容

在对教学科研平台进行建设时，需要以学科建设为主线，根据重点学科的发展方向和领域进行统筹规划，着重对重点学科领域和新兴学科领域进行建设，如对工科学科的建设，应完善从实验室、实验中心到试验基地平台的建设，增强教学科研平台的系统性和配套性，由单一化建设向体系化发展，实现三个统筹。

① 根据学科发展的目标，从整体上，对大平台、大基地进行统筹规划，最终实现技术创新、理论创新和人才培养的目标。

② 对各级平台的建设进行统筹，包括资金的配置、重点仪器设备的配置等，通过建设大型实验中心，建立相关的开放制度，提高仪器设备的使用率。

③ 对考核评价体系进行统筹规划，以学科发展为核心，对平台建设进行考核，建立相关的考核评价制度，评价教学科研平台对学科发展的贡献。

（3）加强特色学科科技创新

衡量学科建设水平的标准之一是对科技成果进行培育和转换的创新能力，这同时是学科快速、科学发展的前提和保障，因此，在进行特色学科建设时，需要加强科技创新。

首先，根据当地产业需求和建设的特色学科的特点，选择一批具有引领性、带动性的科研选题，积极争取国家主题科技计划的支持，获取更多的科研资源，提升科研项目的份额，获得高校和当地政府的重视。

其次，对学科重大项目进行管理，建立相应的管理制度和机制，如对学科重大项目建立中期考核制度，加强对学科重大项目的监督和管理等。

最后，对科研成果进行保护和利用，加大培育力度。学科项目经过成果转化，转为现实的生产力，才能促进当地经济社会的发展，因此需要对科研成果进行培育和利用。可以采取以下措施：第一，可以在学科内建设相应的项目库，并对学科项目进行产业引导和学术引导，培育和转化一批重大的科研成果，扩大高校学科的影响力；第二，对科研成果转化机制进行创新，鼓励定点对接支持国家示范区、科技园区建设，提升学科服务区域和行业发展的影响力，并对当地社会发展做出贡献，实现学术和产业的共同发展。

（4）建立特色学科管理制度

地方本科高校在进行特色学科建设工作时，由于某些因素或原因，特色学科会分布在不同的学院或管理机构，这会造成一个问题，即特色学科的行政管理分属不同，制约特色学科的发展。因此，高校需要建立特色学科的管理制度。

首先，高校需要建立完善的学科带头人定期交流制度。在特色学科建设工作中，学科带头人的重要性不言而喻，他们可以有效促进特色学科的发展，因此有必要定期交流，共同研究特色学科的重点和发展方向，对特色学科进行统筹规划。

其次，高校需要建立学术报告会制度。不同的学科具有不同的发展方向和趋势，在进行特色学科建设时，高校需要掌握不同学科的进展，并对人才培养、科技创新等方面进行交流，营造良好的学术氛围。

最后，高校需要建立以学术为核心的管理体系。例如，如建立行业学术平台、科学合理的激励机制、建立学术咨询机构管理制度等，积极鼓励学术骨干参与学术交流活动，教授治学理念，不断开阔教师的眼界。同时，营造尊重劳动、尊重知识、尊重人才、尊重创造的创新氛围，实现由行政管理向学术管理、人文管理的跨越，最终有效推动特色学科的发展。

3. 特色学科建设的策略

地方本科高校进行特色学科建设是高校转型发展的方向之一，为应对特色学科建设出现的问题，高校应从实际出发，制定出切实可行的举措和策略，可以从以下方面进行（见图 2-6）。

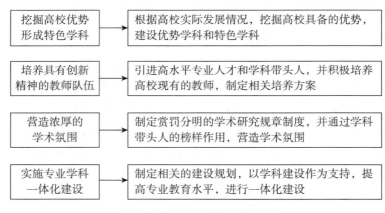

图 2-6　特色学科建设的策略

（1）挖掘高校优势形成特色学科

高校在对特色学科进行定位时，需要充分挖掘高校自身的优势，并结合当地的经济发展，建设具有办学优势和特色的学科。

首先，高校可以找到自身的优势学科，并着重发展优势学科，实现学科和地方产业的对接，提升学科专业竞争力，并为地方经济社会发展做出贡献。例如，医学院可以凭借自身在医药行业的优势，不断建设、优化、调整专业结构，形成和当地医药事业发展相契合的专业体系。

其次，地方本科高校需要积极和地方政府建立良好的合作关系，将培养特色人才作为特色学科建设的任务之一，将特色学科和人才培养有机地结合在一起，找准特色学科建设的定位。

（2）培养具有创新精神的教师队伍

特色学科的建设离不开理论修养较强、富有开拓创新精神的教师队伍，也离不开学科带头人的指导，培养具有创新精神的教师队伍可以从以下四个方面进行（见图 2-7）。

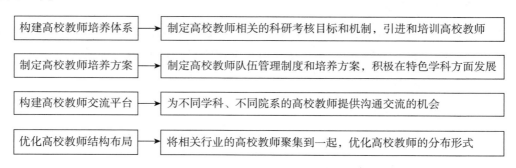

图 2-7　培养具有创新精神的教师队伍的方法

① 地方本科高校需要构建高校教师培养体系，积极引进高水平的专业人才和学科带头人，为其提供参与重大项目的机会，提供稳定的项目经费支持，并建立相应的考核目标和机制。同时，对于高校现有的教师，需要对其进行积极培训，通过制定高校教师培训方案，提升其科学研究的水平，培养高校教师的创新精神。

② 围绕特色学科建设制定相关的教师队伍培养方案，培养能够适应和把握特色学科发展方向的学术团队，健全相关的学科结构和教师队伍管理制度，向专业、科学、先进的方向前进。当然，地方本科高校也可以聘请特色行业的专业技术人才为教师队伍进行培训，提升其专业素质。

③ 搭建教师互动交流平台。创新总是由一个不经意的思路或想法形成的，天才也需要那百分之一的灵感才能进行创造。因此，要想提升高校教师的创新能力，可以搭建教师互动交流平台，建立不同学科专业背景的教师互动交流、合作学习的良好机制，如定期、分批次举行不同的学术交流会等，高校教师就可以在交流活动中，拓宽自身的思维，提升创新能力。需要注意的是，高校在搭建该交流平台时，需要为不同学科、不同院系的高校教师搭建不同的平台。

④ 优化学科教师队伍布局，形成群落生态。自然物种要想获得更好地生存和发展，往往会聚集在一起形成群落。同样，在建设特色学科教师队伍时，高校应当注重学科专业的集群发展，最终形成良好的学科专业集群生态，即不是围绕某一专业进行学科建设，而是围绕某个行业，以此推动相关教师队伍的发展，形成群落生态，在教师之间形成合作与竞争的关系，促进特色学科教师队伍的生态发展。

（3）营造浓厚的学术氛围

浓厚的学术氛围是进行特色学科建设的活力源泉，可以有效推动特色学科建设的发展。目前，地方本科高校的学术氛围普遍不够浓厚，教师和学生不够重视科学研究，因此地方本科高校要采取措施增强其学术氛围。

首先，地方本科高校应该建立完善的特色学科管理制度来营造浓厚的学术氛围。高校可以制定赏罚分明的学术规章制度，对积极参与学术研究并获取成就的教师给予奖赏，以此激励更多的教师在学术研究方面做出贡献。

其次，在特色学科教师队伍中选举并激励学科带头人，通过学科带头人的引领和指导作用，增强学术氛围。学科带头人具有榜样的力量，可以领导学科教师在正确的方向上进行科学研究，营造和谐、轻松、民主的研究氛围，并且更加容易获得科研成果。

总之，通过以上措施可以增强地方本科高校的学术氛围，使教师队伍在浓厚的学术氛围中，为特色学科的建设做出贡献，使之获得进一步发展。

（4）实施专业学科一体化建设

高水平的学科可以产生高水平的专业，而高水平的专业可以产生高水平的教学，培养出高水平的人才。因此，地方本科高校需要重视学科和专业的互补性，意识到学科建设对专业建设的重要性，实施学科和专业一体化建设。例如，地方本科高校可以凝练学科方向、优化专业布局，打造结构合理、交叉渗透、具有较强生命力的学科和专业体系，可以从以下方面进行。

制定学科与专业一体化建设规划。由于地方的经济发展水平各不相同，因此地方本科高校在进行规划时，需要充分考虑地方的社会需求，地方企业对人才的需求。在进行专业设置时，结合当地的经济社会发展需求，体现出地方本科高校的办学理念；以学科建设为指导，汇集师资力量，构建特色鲜明、优势突出的专业。

不管是学科建设还是专业建设，都离不开课程，因此高校需要将课程和学科、专业进行关联，创建高校精品课程和优质课程，提升高校课程的整体质量。同时，地方本科高校可以开发应用型课程体系。所谓应用型课程，顾名思义，主要是指具有实践指导意义的课程，高校可以通过和企业深入合作，开发此类课程。以学科建设作为支撑，不断提升专业教育水平，这主要体现在将学科建设的科研成果作为专业教育的课程资源方面。

2.2.3　加强地方本科高校自主办学

我国现代化发展的关键在于创新，而创新的基础和源头在于教育。高等教育是教育链条的终端，起到指导作用。然而，目前我国的高等教育是背离国民经济转型的、是不适应社会发展的，因此高等教育的转型迫在眉睫。对于地方本科高校来说，办学体制的改革是必然趋势，需要加速培养国家转型时期需要的应用型人才，需要加强地方本科高校的自主办学，增强其办学的自主权利，这样才能推进高等教育的改革和发展。

1. 地方本科高校自主办学的思路

（1）下放办学自主权

地方本科高校转型缓慢，和自身的办学自主权有很多关系。长期以来，地方本科高校依托地方政府发展，缺少改革动力和活力，因此地方政府需要下放办学自主权，使地方高校实现向自主办学转型。

首先，需要合理下放教学、科研、行政管理等权力，对地方本科高校放宽政策，简化程序，科学合理地制定编制及其比例，放宽正副教授的职称比例，使其可以自行聘用相关人才或辞退不合格的人员。

其次，赋予地方本科高校职称评审权力，建立相关的专家咨询委员会，为其提供在线职称评审服务，使其可以自行决定职称的评审条件和标准。

最后，地方本科高校发展需要经费，如果没有经费或经费使用处处受到限制，无疑会使高校寸步难行。因此，地方政府需要合理下放地方本科高校使用和管理教育经费的自主权，赋予地方本科高校自主使用教育经费的权力，使其享有自主收费和经费支配自主权，同时给予高校自主制定薪酬标准的权力。地方政府相关部门则可以通过建立科学合理的财务制度对高校进行监督和指导。

总之，地方政府需要下放办学自主权，使地方本科高校获得各项权利，拥有自我管理的权利，如人员聘用自主权、经费使用自主权等，这样才能使高校真正独立起来，获得进一步发展。

（2）完善高等教育评估体系

2004 年，教育部发布了《普通高等学校本科教学工作水平评估方案（试行）》。该评估方案结合了合格评估、优秀评估以及随机性评估三种方案的评估方法，具有一定的科学合理性，几乎评估了我国全部的高等学校，是评估高等教育的依据。

① 高等教育评估的弊端和问题。高等教育评估推动了高等学校的规范化发展，然而在我国高等教育的管理体制、投资体制等方面，政府始终处于中心地位，因此其高等教育的质量评估一直是一项行政工作，其评估结果具有强制性、直接性、统一性等特点。随着地方本科高校的不断涌现，其高校教育的形式呈现多样化，管理体制呈现多极化，投资渠道呈现多元化，高等教育评估逐渐显示出以下弊端（见图2-8）。

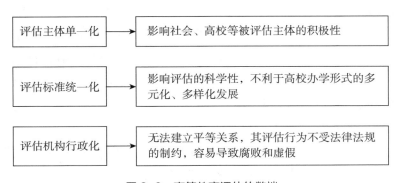

图 2-8　高等教育评估的弊端

地方本科高校要想获得进一步发展，就需要改变目前由地方政府主导的高等教育评估机制，建立新的评估秩序和新的评估方式，并能解决可能产生的相应问题。

现阶段，评估高等教育质量的方式是教育部、评估中心、学校、教师和学生，按照一系列的标准和要求进行评估，很容易造成一些问题。

首先，我国高等学校规模大小不同，办学层次也不相同，其办学特点更是千差万别，如果用统一的指标体系进行评估，很容易形成"千校一面"的现象；而且，不同的高校对同一个衡量指标会有不同的理解，利用统一的指标体系进行评估，不能真正衡量出高等学校的教育质量。

其次，高校的学生结构和层次不同，会实行不同的教学方法和教学体系，但评估中心不可能针对高校的办学层次制定多种评估指标体系。

最后，评估本身是一种在市场体制自发行为，是行业进行自我约束的方式之一，而将评估用到以计划体制为主的高校之中，难免会产生变异的结果。

这些问题的出现，导致高等教育评估质量的效果并不理想，无法真正反映出不同类型的高等学校的质量和要求。

② 改革教育评估方式的措施。地方本科高校需要改革教育评估方式，积极推行上下结合的评估方式，即学校向社会做出办学承诺，并在此基础上制定符合度评估方法，主要从以下两个方面进行。

首先，将学校对社会做出的承诺作为评判标准，教育部评估中心从学科建设、课堂教学、学生工作、科研工作和管理工作等方面入手，评估高校的教育质量，其余指标则根据各高校的自身特点和优势进行评估，设立自选项，充分发挥高校主动性和创造性。同时，需要向社会公众公布自身的评估内容和指标，接受社会公众的监督。

其次，评估机构改变其评估结果方式，不再是简单的优秀、良好、合格和不合格，而是根据学校的承诺做出符合度评估，对其进行符合度的不同描述。

使用上下结合的评估方式，不仅可以解决评估指标不易确定、适用性差的问题，还可以解决上边主动、下边被动的问题。同时，具体的评估内容由高校填写，由社会公众监督，符合教育部分类指导的原则，可以确保其科学性和有效性，避免腐败和虚假行为，充分调动高校的积极性。

（3）明确政府部门的权力和职责

在实践中，地方政府部门和高校往往存在权责不清、职责不明的情况。因此，地方政府部门应该落实《中华人民共和国高等教育法》，明确自身的权力和职责。地方政府应该明确一点：地方本科高校不是政府部门，具有其独立性，不能像管理政府机构那般管理高校。

① 强化自身的服务职能。地方政府部门需要为地方本科高校发展服务，具有服

务职能。首先，高校的领导班子对高校的发展具有十分关键的作用，因此地方政府部门需要为学校配备高素质、专业的领导班子，营造公平、公正的办学氛围；其次，在建立地方本科高校领导班子时，需要充分听取高校教师和学生的意见，尤其是配好两个"一把手"，选用合适的人员担任校长和书记；再次，地方政府相关部门需要对高校的各项待遇进行统一，包括政治待遇和财政待遇，为各地方本科高校提供相应的晋升机会，确保财政支持；最后，地方政府部门需要采取相应的措施对高校高层次人才进行调控，保证高校的稳定运转。

② 对地方本科高校进行合理监督。"过刚易折，过柔则靡"，地方政府在对高校进行监督时需要遵循适度原则，进行合理监督。

首先，地方政府部门可以在宏观层面上制定具有指导性质的文件，如人才评价标准、人才培养质量标准等，建立投入和产出相关的良性互动机制，并将人才培养、科学研究、社会服务的质量作为评价高校办学质量和水平的标准，根据其标准配置教育资源。

其次，地方政府部门可以在财政方面制定具有指导性质的文件，使各地方本科高校拥有自主支配各项教育经费的权力，制订出更符合高校实际发展的财政计划。

③ 营造自主的办学氛围。地方政府部门应该尽量减少对高校的检查评估，营造自主的办学氛围。

首先，地方政府部门需要减少对高校内部事务决策的不合理限制，使高校拥有自主的办学权力，在课程设置、教学改革、学生培养等方面拥有自主权。

其次，地方本科高校需要加强和地方政府部门的合作，构建包含自我评价、校友评价以及中介组织评价的高等教育评价体系，使高校拥有评价自身教育的权力。

最后，地方政府相关部门应鼓励成立第三方评价组织，并支持其对地方本科高校进行中立的评价，这是因为非官方的评价可以促进高等教育质量的提升。

（4）加强对地方本科高校的扶持

地方本科高校的发展离不开经费。那么，经费从何而来，除却高校自身的招生经费，最大的经费来源便是地方政府的拨款。地方本科高校的发展离不开政府的扶持，这主要表现在政策扶持和财政扶持两方面。

在政策方面，地方政府部门需要颁布相关的法规政策，大力扶持地方本科高校的发展，制定完善的法律法规，使高校有法可依，获得进一步发展。

在财政扶持方面，地方政府部门需要投入足够的经费，高校才能顺利开展各项活动和项目，包括教师队伍建设科研经费、促进教学质量提升的教改经费、实验室建设和教学设备的经费等。

2. 地方本科高校自主办学的策略

地方本科高校进行自主办学转型发展时，难免会遇到各种各样的困难和问题，最突出的问题是地方政府和高校权力边界不清。那么，国家和地方政府应该采取什么样的策略呢，政府需要明确自身的工作职责，找准自身定位，而国家应该建立健全相关的法律法规。

（1）定位政府职责

随着现代社会的进一步发展，政府的工作职能也发生了相应改变，需要考虑市场需求和公众意见，力求公平、公正、公开，实现政府转型服务和人民的最大利益，这就是常说的"有限政府"理念。

在地方本科高校进行转型发展时，也离不开"有限政府"的理念，需要政府下放高校的办学自主权，定位自身的职责，明确政府在高校管理中的工作职能。

① 政府在高校管理中找到自身定位。随着时代的发展，高校和政府之间的关系逐渐发生改变，政府需要重新对自己的角色进行定位，主要体现在以下三点。

首先，高校和政府原来是简单的上下级隶属关系，政府对高校起到管理和指导的作用；随着办学自主权的下放，产权逐渐明晰，二者成为举办者和经营者的关系，从根本上改变了角色定位。

其次，政府原来是直接联系高校并对其进行管理，但随着办学自主权的下放，政府需要间接联系高校，并对其进行监督。

最后，在法律关系上，政府和高校原来是单一的行政法律关系，二者在行政管理方面联系紧密；随着办学自主权的下放，政府和高校之间变为民事法律关系。

总之，随着办学自主权的下放，政府和高校的关系发生了根本性的改变，高校的所有权和办学权分属于政府和高校，因此政府需要重新定位，明确自身工作职能：政府是投资者、服务者和监督者，可以协调高校的工作，不是具体的办学者。

② 优化政府的管理方式。政府是高校的举办者，在管理方式上，往往是通过行政管理对高校进行全面管理，这容易造成越权、滥权现象的发生，因此需要"限定"政府的职能，充分发挥"有限政府"的理念。

政府需要优化自身的管理方式，变"管理"为"服务"，做高校工作的服务者和监督者，找到高校自主办学和政府有效管理的平衡点。

首先，政府从宏观层面对高校进行调控，如财政方面、战略发展规划方面等，对高校的发展起到指导作用，调控高校的发展规模和结构，并对高校的教育质量进行把控。

其次，政府需要建立相应的法律法规帮助高校独立自主发展，如进行教育立法，对高校进行产学研合作提供政策支持等。

最后，政府需要给予高校办学自主权，不要对具体的高校管理事务进行干预，如专业设置、课程设置、招生录取等，由其自主决策，使高校可以充分发挥自身的创造性。

（2）完善相关的法律体系

"没有规矩不成方圆"，在进行教育体制改革时，需要遵守相关的法律法规，实现政府依法行政，高校依法办学，最终实现双方的共同发展。

① 完善相关的法律体系。法律是管理政府和高校之间关系的有效手段，因此需要完善相关的法律法规。首先，通过法律，明确政府和高校的权力范围和权力边界，规定政府对高校的管理方式。

其次，通过法律明确高校的法人权力，尤其是高校的学术权力，平衡高校的行政权力和学术权力的关系。通过教育立法可以保障高校和政府的相关权益，实现政府的宏观调控和高校的自主办学，使其有法可依，实现长远发展。

② 强化政府的法治观念。法律面前人人平等，无论是政府还是高校都必须严格遵守法律，在法律允许的范围内行使自身的权力，政府更应如此。政府需要强化自身的法治观念，依法行政，做到充分尊重法律，尊重高校的办学自主权，起到良好的模范作用。

③ 强化高校的法治观念。高校的办学自主权不能得到真正落实，高校自身也有一定责任，其法治观念不强，不能正确认识自身权力和政府权力，导致出现失范行为，或者权利受损也不知如何维护。因此，需要强化高校的法治观念，根据法律规范自身的办学行为，协调自身和政府之间的关系，切实保护好自身的权益。

综上所述，地方本科高校获得办学自主权，实际上是对各项权力和责任的重新配置，其核心是政府和高校之间的关系。地方本科高校要想真正获得办学自主权，需要国家建立完善的法律体系，明确政府和高校各自的权力范围，使其依法办事，各司其职。

2.2.4　加强地方本科高校国际化办学

高等教育在推动知识的发展方面具有十分重要的作用，尤其是学术方面的国际合作，为挖掘人才的潜力做出了巨大贡献。因此，国际合作是世界学术界的共同目标，可以确保高等教育的质量，而我国地方高校占据高校数量的 90% 以上，加强地方高校国际化办学势在必行。

1. 高等教育国际化的含义

关于高等教育国际化的含义，每个学者都有自己的理解，至今学术界仍未给出明确的定义。

目前，国际上比较权威的定义是由联合国教科文组织国际大学联合会给出的，该机构将高等教育国际化的侧重点放在大学基本职能的国际化，即教学、科研、社会服务等国际化，强调过程的国际化，包括学校内部和外部的变化。

我国对高等教育国际化比较权威的界定，当属顾明远主编的《教育大词典》中的解释。书中指出，各国高等教育在面向国际的基础上，还应注意世界的发展趋势，主要表现在发扬本国特色、人才培养、外语教学、国际交流、教育和学术的跨国合作五个方面。

综合来看，尽管国内外对于高等教育国际化的理解有所不同，但都达成相应的共识，即高等教育国际化需要借鉴国内外优秀文明成果，推动高等教育在教学、科研、社会服务方面的发展，培养出国际复合型人才，推动人类文明向前发展。

2. 高等教育国际化的必要性

（1）国际化办学是地方本科高校生存发展的需求

首先，地方本科高校作为一个群体，为区域社会发展做出了很多贡献，但对于群体中的地方高校而言，其生存和发展面临着可替代性危机。地方本科高校要想获得竞争优势，在强化自身办学特色的同时，可以尝试国际化办学实践，拓展自身的生存空间。

其次，伴随全球一体化的发展、教育项目的国际化发展，高等教育向国际化转变不可避免。地方本科高校如果仅是将自身局限于服务地方经济社会发展，很容易错失发展机遇，被时代抛弃。因此，加强地方本科高校国际办学不仅可以提升自身的竞争力，获取生存发展空间，还符合高等教育国际化趋势，是高校生存发展的需要。

总之，地方本科高校进行国际化办学可以提升自身的竞争力，获取新的发展机遇，是高校的必然选择。

（2）是经济社会发展的需要

对于社会经济发展而言，实现地方本科高校办学国际化，可以促进地方经济发展，有莫大的益处，主要表现在以下方面。

① 随着我国改革开放的不断深化，在国际交往方面，地方经济、科技和文化逐渐登上舞台，得到了迅速发展。同时，各种高新技术、地方文化等需要大量的具有国际交往能力的人才，这些人才需要依靠地方本科高校的培养，其人才培养的质量

取决于地方本科高校的国际化程度。因此，地方本科高校需要推动国际化办学，培养本地区的国际化人才。

② 随着我国经济的发展，区域经济发展国际化趋势增强，而地方经济发展离不开地方本科高校的发展。因此，需要对地方本科高校提出更高要求，加强地方本科高校国际化办学，包括国际方面的交流与合作，进行各种形式的培训，提高地方本科高校的国际化办学水平，促进区域发展的国际化。

（3）地方本科高校具有国际化办学条件

随着全球化进程的加快，国际化是所有高校需要面临的实际问题，国际化办学成为不可阻挡的趋势。我国的社会环境也为地方本科高校提供了有利条件，使其国际化办学成为可能。

在实际应用中，我国和许多国家建立了多种类型的合作关系，形成了全方位、多层次、多渠道的国际合作格局。在这样的背景下，我国地方本科高校很容易和国际上的高校建立合作关系，如各种中外联合办学项目的实施，国际和区域学位互认等。国际化办学的典型代表是安徽合肥学院，该学院按照德国应用科学大学模式建设合肥联合大学（合肥学院），30 多年来，将德国经验本土化，不断创新。自开展国际交流与合作以来，先后与德国、意大利等国家的 28 所高校建立合作，由初期的单向援助发展到双向合作，为我国培养了独具特色的应用型人才。

3. 地方本科高校国际化办学途径

地方本科高校在推动我国工业化、城镇化、农业现代化进程中有着不可替代的作用，为地方发展提供了人才支撑和智力保障。随着国家经济的发展，地方本科高校向国际化办学转型时需要制定策略，应遵循科学发展的指导思想，并结合本校的发展情况，合理设置国际办学组织机构，建立健全国际化办学制度等，可以从以下方面进行（见图 2-9）。

图 2-9　地方本科高校国际化办学途径

（1）深化国际化办学思想

地方本科高校需要深化国际化办学思想，坚持"开放、自信、勇于突破"的思想，不断进行创新。加大开放力度，加强对外交流和合作。加大高等教育开放力度，可以给地方本科高校带来多种好处。

第一，可以接触到国际上其他学校培养人才的模式，从而更新本校自身的教育观念，努力培养出具有国际视野的、实用性创新型人才，并通过合作提高学校教师队伍的水平。

第二，可以和国际上其他高校在科研项目上进行合作，提高我国科学研究水平，加快科技成果转化为现实的生产力。

第三，可以强化高校自身的全球意识。地方本科高校不仅需要保持自身的特色，还需要立足于地方特色，找到符合自身办学特色的国际化办学道路，将区域文化发扬至全世界。同时，地方本科高校可以充分利用国内、国外两种高等教育资源，勇于和高水平的高校进行竞争，创新自身的国际化办学模式，在教师队伍、科学研究、社会服务、教学管理方面也不断优化创新，最终融入世界高等教育体系之中。

（2）完善国际化办学制度和标准

地方本科高校在进行国际化办学转型时，并不能盲目开展，需要完善相关的制度和标准，其具体做法如下。

① 立足于本校的特色和优势，构建开放、柔性的管理方式，结合本地区的发展情况，建立符合自身实际情况的国际化办学标准，尤其是在人才培养、科学研究和社会服务方面，制定相关的管理制度和规章，实现统一的标准。

② 建立契合实际的合作机制。地方本科高校在向国际化办学发展时，需要将自身的办学特色和国际接轨，因此必须强调自身的办学特色，突出自身的办学优势。同时，需要对合作机制进行把握，通过多种形式和国外的相关机构或学校进行合作交流，尤其需要关注国外高校特色研究的发展趋势，不断提高高校自身的国际竞争力和影响力。

（3）建立国际化办学组织机构

地方本科高校进行国际化办学涉及高校众多的职能机构和专业院系，因此需要建立专门的部门对这些事务进行处理。其中，外事部门负责高校的对外交流工作，承担着制定高校国际化发展的战略和计划，同时负责留学生管理、签证等和国际化相关的事情。

地方本科高校需要建立国际化办学组织机构，并为其完善相关的运行机制，包括配置各个部门的职责、制定具体的实施细节等，这样才能使国际化办学的目标顺利落实和实施。

地方本科高校需要深化国际交流的管理体制，以高校自身为主导，国际化办学组织机构为主体，各学院为基础，从专业学科的管理入手，从院系到学校，建立相关的管理制度，真正实现高校的国际化办学。

（4）拓宽国际化办学交流渠道

国际化办学是一项浩大的工程，不是一朝一夕就可以建成的，要想加快国际化办学进程，需要拓宽国际化办学的交流渠道。

首先，促进师资国际化。高校教师对高校的重要性不言而喻，在进行国际化办学工作时，具有国际知识和经验的教师不仅可以推动教学和科研向国际化发展，还可以为学校国际化办学战略建言献策。因此，地方本科高校需要采取一定的措施，吸引优秀的外籍学者或教师，当然，高校也可以选派本校优秀的教师到国外进修、讲学或进行访问等活动，努力提高其教师的国际学术素质和水平。

其次，推进学生国际化。学生国际化包括两个方面：一是吸收国外优秀的学生；二是促进本国学生跨国留学。通常，地方本科高校的留学生教育规模小、层次低，本校学生外出留学的数量也少，因此高校需要采取一定措施推进学生国际化，如改善办学条件、简化留学生入学流程等。

最后，实施课程国际化。在高等教育中，课程是培养人才的依据和手段，但在实际应用中，国际化的课程内容很少，不能起到应有的作用，因此高校需要加强外语教学以及增加有关国际知识方面的课程内容，将国际化观念融入课程体系之中，体现高等教育国际化功能。

2.3 地方本科高校转型的内容和目标

地方本科高校要想获得进一步发展，其转型发展迫在眉睫，这不仅可以实现学校自身的长远发展，还能促进地方甚至国家的发展。

本节介绍了地方本科高校转型的内容和目标，并对地方高校转型的目标进行了深入分析。

2.3.1　地方本科高校转型的内容

转型是一个很宽泛的概念，是指事物的结构形态、运转模型以及人们观念的转变过程，不仅是范式或逻辑的转变，同时也是模式的转变或制度的转变，涉及事物的很多方面。

地方本科高校的转型发展涉及方方面面，需要结合高等教育的发展趋势、社会发展的经济需求、高校自身的实际情况进行分析，在以下六个方面进行改革（见图2-10）。

图2-10　地方本科高校转型内容

转型具有两方面的含义，一是教育类型转型，二是教育机构转型。对地方本科高校而言，其重点在于教育类型转型。

教育类型是指将教学计划落实为具体的课程体系。因此，教育类型的转型大多是从教育课程、教学模式、专业建设、师资队伍建设等方面进行，不是在办学层次上转型，而是转变人才培养模式，在教学机制上实现向应用型、职业教育型转变。

地方本科高校的转型不仅包括办学模式，还包括办学内涵的转型，可以是所有专业转型，也可以是部分专业转型，其根本目的是提升高校的治理体系和治理能力，创新教育方式，凸显办学特色，培养应用型人才。

2.3.2　地方本科高校转型的目标

地方本科高校想要求新、求变，就必须转变办学模式和办学理念，树立新的转型目标，即向"应用型"转变，主要体现在以下三个方面（见图2-11）。

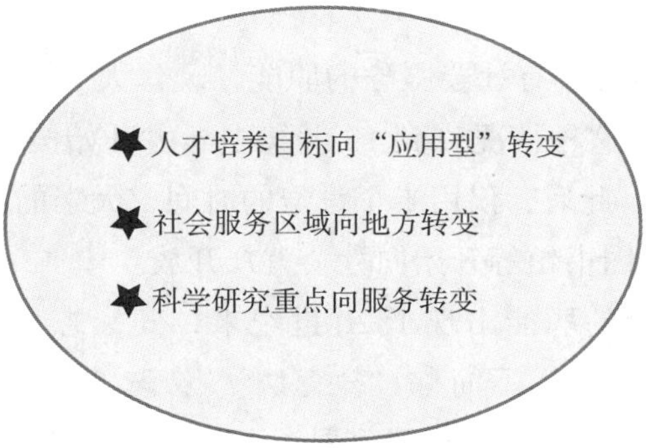

图 2-11　地方本科高校转型目标

1. 人才培养目标向"应用型"转变

我们都知道，高校的首要任务和职能就是为国家和社会培养人才。地方本科高校转型的目标也不例外，依旧需要培养人才，然而培养人才的目标需要根据社会需求的改变而变化，转变人才培养目标势在必行。

新中国成立之初，我国高等教育学校借鉴苏联模式，逐渐形成以职业绝对对口为核心的教育体制，相对应的，高等教育学校的人才培养目标为培养专业的技术人才。在这种教育体制下，可以迅速满足新中国建设需要的专业技术人才。然而，这种教育体制也有明显的弊端，如高校缺乏办学的自主权，和行业、企业关系过于密切，专业设置过细、过窄等。

随着中国的发展，社会主义市场经济的出现，社会对人才的需求开始转变。中央通过多种方式推动高等教育的结构调整，鼓励高等学校培养宽口径、厚基础的复合型人才。例如，采取开展素质教育、省部共建、部委高校划转给省办学等措施。

信息化时代，各种科学技术不断涌现，新的时代对人才提出了新的要求，复合型人才已经不能满足社会生产、发展的需要，社会更加需要高素质的应用型人才。

回顾新中国成立以来的高等教育历史，我们不难发现，高校人才培养目标是不断发生改变的，即致力于培养社会需要的人才。

因此，地方本科高校转型发展的人才培养目标需要紧跟时代的步伐。当今时代，高校需要培养应用型人才。要想转变人才培养目标，地方本科高校需要转变人才培养理念、模式、方案、课程、教学体系和教学团队等一系列培养环节。

2. 社会服务区域向地方转变

大学并不是一开始就具有社会服务的职能。现代大学诞生之后，很长一段时间内基本处于封闭状态，这种情况直到 19 世纪中叶才开始改变，以美国国会通过的《莫雷尔法案》为标志。此后，仅用半个世纪的时间，大学的社会服务职能得到迅速发展，大学的实验室、图书馆等开始向社会大众开放。

我国高校服务社会的职能出现于 20 世纪末，其标志是 1998 年颁布的《中华人民共和国高等教育法》（以下简称《教育法》）。该《教育法》规定，"高等学校应以培养人才为中心，开展教学科研和社会服务"。然而，在高校提供社会服务的过程中，我国高校因求大求全的取向，导致高校对某一特定区域的社会服务不能满足当地的需求。这一点在地方本科高校毕业生就业方面尤其明显。

为了避免上述情况的出现，为了增强高校的社会服务水平，地方本科高校在转型时应该明确定位，社会服务区域向地方转变，体现地方特色，根据当地经济发展状况设置学校的专业，对学校的办学规模、办学特色等进行合理规划。

3. 科学研究重点向服务转变

中世纪大学是现代大学的前身，其最初的目的是培养专门人才，知识的传递和保存是附属职能。然而，随着社会的飞速发展，知识需要不断更新和创造，社会需要越来越多的新知识，因此科学研究也逐渐成为高校的职能之一。

在科学研究方面，高校存在学术研究和应用研究两大方面。前者以增进人类科学文化知识为目的，学术研究管理部门经常为此类研究提供资助；后者以促进社会生产发展、提高生活水平为目的，行业机构经常为此类研究提供资助。

对于地方本科高校来说，其科研基础较为薄弱，科研人才数量较少，很难同时在学术研究和应用研究两方面有所突破，需要有所取舍，可重点向应用研究转变，科研研究重点转为向地方服务，以促进地方经济发展为目标。

总的来看，地方本科高校培养人才目标呈现出"一个面向"（面向地方社会相关行业和企业），"两个依据"（依据国家对本专业的人才规格要求；依据地方行业对人才的需求），"三个标准"（德智体美劳综合素质全面发展；具备本专业的理论知识和实践技能；具备创新精神和职业能力）的特点。

2.4　地方本科高校转型的思路

　　地方本科高校的转型不能仅是局部的调整和修补，应从全局出发，系统性地进行全方位变革。

　　在现实需求和政策驱力的双重推动下，各地方政府纷纷响应号召，对地方本科高校的转型进行部署，同时地方本科高校积极做出回应，采取相关转型措施，可以从人才培养、科学研究以及社会服务方面进行探讨，并结合高校的实际情况，确立转型的基本思路（见图 2-12）。

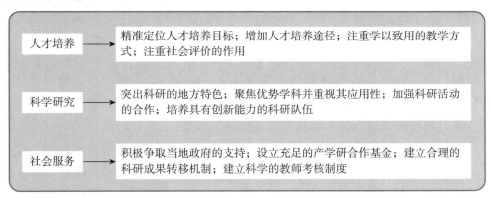

图 2-12　地方本科高校转型的基本思路

2.4.1　转型发展中的人才培养思路

　　国家相关政策不断强调人才培养的关键作用，并明确提出牢固人才培养在高校工作中的中心地位。

　　当今社会，需要多种类型的人才，不仅需要有一技之长的人才，也需要对多个领域的知识有所涉猎的人才。总之，需要的人才是多种多样的，不同类型的。然而，我国高校培养的大多数是学术型人才，对中层的应用型人才培养不足，只有少数的研究型大学培养应用型人才。同时，社会并不需要同质化人才，反而对中层人才需求量较大，这实际上给地方本科高校带来了发展机遇。地方本科高校需要重新定位人才培养目标，探索人才培养的新出路，积极培养应用型人才。

什么是应用型人才呢？与学术型人才相比，应用型人才更加注重对知识的掌握和技能的应用，可以直接创造社会财富，其工作中往往和生产实际与社会实际相关，主要解决生产、管理、服务等一线问题。在培养应用型人才时应注意以下问题。

1. 精准定位人才培养目标

有学者认为，一个学校的特色和学科定位有很大的关系，专业和学科建设不能忽视地方经济和社会发展。同时，社会中的行业和领域有很多，即使是应用型人才也有专业的限制，不能跨行业、跨专业工作。因此，地方本科高校在人才培养的专业、学科设置方面，需要分析当地的社会经济情况，尤其是产业结构和人才需求，重点培养当地重点行业或领域需要的人才，从而保证培养的人才可以学有所用，参与到当地的经济建设和发展中。

2. 增加人才培养途径

现在是一个讲究合作共享的时代，地方本科高校在培养人才时需要积极和其他高校进行合作，改变单兵作战的方式，从而增加人才培养途径，获得更多的教育资源。

目前，很多地方本科高校都会选择和其他高校合作的方式，以达到培养优质人才的目的，并取得了不错的成效。例如，在某些地方本科高校，学生入学之后可以跨校选课、跨校修第二学位、跨校推荐免试研究生等。

如果高校想要和其他学校进行深入合作，可以考虑成立高校战略联盟，深化高校之间的合作，实现高校之间的双赢。高校战略联盟的形式最早出现在国外，是指高校为实现某一战略目标而和其他高校建立的紧密联合体，同时高校又没有丧失自主性，在联合体中仍旧有独立性，典型代表有"常青藤联盟"。这些一流大学通过建立高校战略联盟，可以实现高校资源的互补和项目合作，进而提高学校的办学水平，并降低管理成本。

对于我国地方本科高校来说，其资源有限，可以采用高校战略联盟的形式来培养人才，获取更多的教育资源，提升人才培养的质量。需要注意的是，地方本科高校在建立或推动高校战略联盟时，需要设立专门的管理部门和人员，对联盟中的事务进行管理和协调，做好联盟中的高校成员的沟通工作，使合作可以顺利进行。

3. 注重学以致用的教学方式

地方本科高校要注重教学方式的改变，教授学生知识或技能的目的是可以在实际生活中灵活应用，因此要突出"学以致用""工学结合"的原则。地方本科高校可以采取以下措施。

① 可以聘请企业中相关的专业人员为学生授课，传授实践性的知识和技能。

② 可以让学生在企业生产活动中进行实践和学习，将自己在课堂上学到的理论知识加以实践，在实践中掌握知识和技巧。

③ 不要忽视自身在科研方面的实力。某些地方本科高校自身拥有不错的科研实力，可以利用这些科研优势反哺教学，为教学提供服务。例如，很多高校都提出科研性教学的理念，其本质上是将科研活动引入教学活动中，实现教学和科研的紧密配合，不仅可以增强学生的学习兴趣，还可以让学生了解科研方法、流程、思维等，加深学生对所学知识或技能的理解。

4. 注重社会评价的作用

教育行政部门往往对高校的教育评价负有相应的职责，其评价标准和方法大多代表政府的意志。虽然这种评价在一定程度上可以反映出社会对人才的需求，但不能充分、全面地反映社会各个行业对人才的真实需求。

因此，国家需要重视社会评价并积极开展社会评价建设，建设具有专业性、与社会成分接触的社会评估机构，使其对高校教育做出可反映市场和社会需求的评估。除此之外，地方本科高校还可以和用人单位积极联系，通过用人单位对毕业生的满意度和期望值进行分析，不断改进学校在培养人才方面的不足，及时调整人才培养方案，最终实现满足社会人才需求的人才培养方案。

2.4.2　转型发展中的科学研究思路

与一流大学相比，地方本科高校存在一些不足之处，主要是科研实力和教学资源方面差距较大。在这样的背景下，地方本科高校可以另辟蹊径，在科研特色方面做出努力，从而获得一席之地。

1. 突出科研的地方特色

地方本科高校和其他本科高校最大的不同点在于"地方"，因此可以从这方面进行探索，和地方经济发展紧密结合，突出地方特色。例如，高校可以围绕地方经济和社会发展进行科学研究，理工科可以联系地方的经济发展情况，着重研究科学技术方面的问题，以解决瓶颈问题；社会学科可以联系地方的社会发展历史等，研究地方的社会问题；人文学科则可以研究地方的特色文化等。

总之，地方本科高校要想在科学研究方面实现突破性进展，需要结合地方的文化、经济等方面，不断深入研究，发挥出自身的优势。

2. 聚焦优势学科并重视其应用性

地方本科高校在新兴学科建设方面，由于整体科研实力较弱，实际上并不占据优势，但由于历史传承或者其他因素，某些地方本科高校反而更具有科研优势。因此，地方本科高校在进行科学研究时，需要聚焦自身的优势学科，以其作为重点、核心和突破口，从而带动相关的学科发展，引导科研工作向特色化、高质量方向发展。

同时，要重视应用性研究。地方本科高校在基础研究方面比较薄弱，加上应用性较强的研究更容易将科研成果进行转化，应用到实际生产中。因此，地方本科高校应侧重应用研究和实验开发，以更好地为地方企业服务。需要注意的是，地方本科高校的科研成果不能注重发表和鉴定，要注重对科研成果的转化，使其可以被企业采纳，最终转化为实际的生产力。

3. 加强科研活动的合作

地方本科高校要想在短时间内提升科研实力，可以选择和其他高校或科研机构从以下三个方面进行合作（见图2-13）。

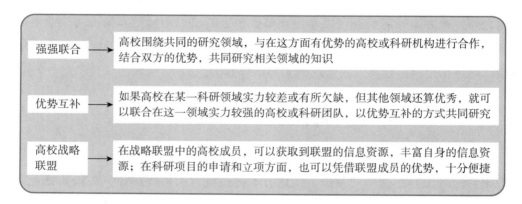

图 2-13　加强科研合作的策略

总之，通过合作高校协商、研究，突破过去的局限，可以使研究任务的分配更加合理，提高科研活动的质量和水平。

4. 培养具有创新能力的科研队伍

"工欲善其事，必先利其器"，科研队伍对科研项目的重要性不言而喻。要想在科研工作中取得较好的成绩，就需要对科研队伍提出创新要求。

地方本科高校的科研基础比较薄弱，科研队伍的专业素质也比较薄弱，因此地方本科高校需要提高科研队伍的科研能力，可以采取以下措施。

① 积极从其他高校或研究单位引入学术带头人。对于地方本科高校来说，如果自身培养学术带头人，不仅培养周期较长，而且需要耗费大量的资源，还不一定可以达到预期。因此，可以从其他高校或研究单位引入高素质的科研人才，为科研队伍注入新鲜血液。

② 完善自身的科研队伍结构。地方本科高校中的科研人员的专业素质往往参差不齐，为增强科研队伍的科研能力，高校应严格限制本校毕业生的留校任教比例，面向社会招聘科研人员，增强科研队伍学术背景的多样性。

③ 加强科研队伍的管理。与其他重点大学相比，地方本科高校的科研队伍管理较为松散，缺乏严格的管理制度和等级制度。然而科研成果的质量往往取决于课题负责人的号召力或者课题项目成员间的人际关系，这会严重制约科研成果的质量。因此，地方本科高校必须加强对科研队伍的管理，制定严格、明确的规章制度和科研组织，并对组成项目的科研成员进行权责划分，严格规定成员的责任，以保证科研队伍的稳定性，激发其创新能力。

2.4.3　转型发展中的社会服务思路

社会服务是高校的职能之一，其形式多样，包括教育培训、产学研合作等。对于地方本科高校来说，产学研合作是比较重要的社会服务形式，该社会服务结合了教学、科研和产出三个方面，不仅可以为地方经济的发展做出贡献，还可以提升高校自身的教学水平和科研水平，并为培养应用型人才提供实践基地。简单来说，产学研合作是结合高校的教学和科研，为企业的生产和运营服务，其创新可以从以下方面进行。

1. 积极争取当地政府的支持

产学研合作需要高校、企业和相关组织积极合作才能顺利开展。其中，政府的支持是不可缺少的因素，政府需要制定相关的政策来推进产学研合作，如关于知识产权保护和归属、专利许可等方面的法规政策，以保证合作各方可以进行合理的利益分配，有效降低企业研发的成本，降低合作各方的创新风险。

同时，由于地方本科高校的类型不同、特点不同，政府在制定相关政策时需要考虑到这一点，即针对地方本科高校的实际情况进行分类指导，并研究相关的行业或产业的特点，做好高校和企业之间的"桥梁"，为合作各方牵线搭桥，引起其良性互动，实现有效合作。

2. 设立充足的产学研合作基金

"兵马未动粮草先行"，充足的合作基金是产学研合作成功的基础。有些地方本科高校由于缺乏产学研合作经验，在资金支持方面做得并不到位，缺乏足够的基金，最终导致产学研合作无法继续开展。针对这种情况，地方本科高校应积极支持产学研合作，设立相关的基金，降低产学研合作的前期风险，以消除高校和企业的顾虑，使产学研合作可以顺利开展。

3. 建立合理的科研成果转移机制

如果科研成果无法顺利转移，产学研合作的最终目的就难以达到。在实际应用中，很多地方本科高校的科研成果并不能向生产力转化，只停留在表面，使产学研合作未能发挥出真正的作用。因此，地方本科高校应建立科研成果转移机制，可以采取以下措施。

（1）建立相关的部门，发挥其管理和服务作用

例如，建立两个实体组织部门对产学研合作中的相关事宜进行管理和协调，尤其是科研成果转移方面，加强学校和企业之间的沟通联系。

（2）建设科技孵化园

科技孵化园是最常见的形式之一，通过建设科技孵化园，使高校中的科研成果可以找到相关类型的企业，实现生产化，转化为实际的生产力。因此，地方本科高校要完善科技孵化园的组织结构，并不断完善其管理制度和管理机制，使科技孵化园得到充分利用。同时，高校需要建立专门的科研成果转化的工作队伍，提供相关的知识培训，提高其专业素质和业务能力。

（3）转变高校的服务理念

在高校和企业进行具体业务对接工作时，还包括文化上的对接，因此高校需要转变服务理念，关注地方经济和社会发展，学习并了解企业的理念，倡导创业精神。一般而言，地方本科高校和当地的经济发展联系更为紧密，因此转变服务理念尤为重要。同时，高校教师的研究理念也要发生相应的转变，需要积极关注社会的发展，了解社会的需求，根据社会发展确定研究主题，最终使自己的研究方向适合当地经济的发展，便于将自身的科研成果转化为企业产品。

4. 建立科学的教师考核制度

对于高校教师而言，其不仅承担着教学和科研的任务，对产学研合作同样也承担着相关的职责，但很多高校教师对产学研合作不够重视，导致产学研合作进展缓慢。因此，地方本科高校应该采取相应的措施以调动教师的积极性，建立教师产学

研合作考核制度，让高校教师积极重视产学研合作。

　　高校教师承担着多重任务和工作，往往很难平衡各种工作之间的关系，因此不能对高校教师进行盲目考核，否则容易给高校教师造成压力，反而适得其反。总之，高校应该对高校教师建立合理、科学的考核制度，进行科学考核，对产学研合作或其他形式的社会服务给予关注，以适当的权重进行考核，如以鼓励的形式对教师进行考核，提升高校教师对产学研合作的重视程度，进而推动产学研合作顺利开展。

2.5　地方本科高校转型的关键

　　地方本科高校的转型涉及方方面面的工作，十分复杂。要想转型顺利进行，就需要抓住主要矛盾，在关键点上做出突破，才能起到事半功倍的效果，其关键点主要体现在以下几个方面。

2.5.1　课程和教学的改革

　　对于地方本科高校来说，转型的关键点就在于人才培养的转型，只有培养出社会需要的应用型人才，才能获得国家和公众的认可，实现自身的进一步发展。

　　因此，地方本科高校应该对原有的课程教学体系进行改革，将专业课程的设置、实习实践和毕业设计指导、教学效果评价等多个工作环节和企业的需求结合在一起，进行"协同育人"，将校企合作的理念贯穿到人才培养的全过程。同时，在学科和专业建设方面，需要向应用型方向发展，只有这样，才能真正培养出应用型人才。

2.5.2　制定转型发展的战略

1. 常见的高校转型发展战略

　　地方本科高校的转型迫在眉睫，必须制定转型发展的战略，在战略的指导下进行转型发展，否则很容易偏离方向，导致转型失败。

　　有学者认为，地方本科高校要想实现转型发展，有以下三条战略可供参考。

第一，突破传统的精英教育思维，专注应用型人才发展方向，实现培养应用型人才。

第二，根据自身已有的科研实力，不断增强自身的科研能力，培养专业的科研队伍，不断提升学生的科研能力，力求转型为高水平的研究型大学。

第三，根据自身在某个方面或领域的特色，将各方面资源进行整合，发展特色学科，使学校拥有特色学科或专业，在高校竞争中占据优势，这需要根据高校自身的具体情况决定。

2. 高校发展战略措施

对于大部分地方本科高校来说，其自身拥有的科研能力较弱，很难成长为研究型大学，因此大多数会选择第一条或第三条战略。高校在选择发展战略时，需要结合校内和校外的具体情况，找到本校的特色。首先，高校需要了解并掌握自身的实际情况，对自身的优势和劣势进行分析，扬长避短，找到自身发展的潜力；其次，高校需要对地方的外部环境进行考察，了解当地行业和企业发展的情况，找到企业和高校学科的结合点，精准定位高校发展的重点；最后，高校需要做好宣传教育工作，积极调动、组织各方力量落实规划，积极宣传教育活动，通过不断坚持转型战略，最终完成高校转型，形成办学特色。

2.5.3 结合地方需求发展

地方本科高校的立身之本在于地方需求，无论是人才培养、科学研究还是社会服务，都离不开地方需求因素。

在培养人才方面，应用型人才和地方产业发展密切相关，因此在制定人才培养方案时需要结合当地企业的人才需求，并和当地企业进行合作，共同培养人才。

在科学研究方面，要想科研成果可以进行生产并转化为实际的生产力，应该坚持与当地发展相结合，解决企业在生产经营活动中的实际问题，最终促进当地经济和社会的发展。

在社会服务方面，则更应该和当地需求进行紧密结合，这样才能真正推进产学研合作科学发展，真正实现将科研成果转化为企业的产品和服务，进而提升企业的经济效益。

例如，金陵科技学院结合地方需求，提出了"南京战略"，主要为南京地方企业的发展进行服务，其具体举措如下（见图2-14）。

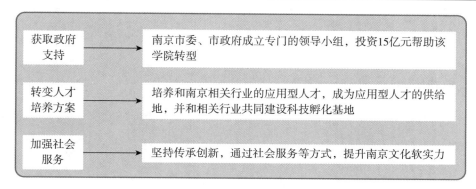

图 2-14　结合地方需求转型的策略

　　综上，地方本科高校转型的关键所在是结合地方需求。地方本科高校要想获得进一步发展，就需要和地方政府和企业协同合作，在人才培养、科学研究、社会服务等方面深化合作。

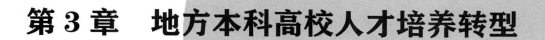

第3章 地方本科高校人才培养转型

当今社会对应用型人才的需求十分迫切，而中央部委直属高校多以培养学术型人才为目标，并不能满足当今社会对人才的需求。在这样的形势下，地方本科高校迎来了发展机遇。

地方本科高校学术和科研实力较弱，因此其重心可以放在实践应用方面。与学术性本科教育不同，在进行课程实践时，应以本专业的实践工作为主，培养学生的动手实践能力，致力培养应用型人才。

本章主要介绍地方本科高校人才培养的目标，着重介绍地方本科高校创建应用型人才体系架构的方法，制定相应的人才培养机制，并给出相应的策略和方案。

3.1　地方本科高校的人才培养目标

长久以来，地方本科高校向中央部委直属高校学习，并借鉴其办学模式，但在人才培养方面，其目标模糊不清，不明白自身优势所在，以培养学术型、精英型人才为目标，导致其毕业生在市场竞争中没有核心优势。即使有部分地方本科高校了解培养应用型人才的重要意义，但在实际培养过程中，仍不能采取有效的策略和方案，不能为当地社会培养所需要的人才。

因此，地方本科高校必须转变人才培养目标，以培养应用型创新人才为己任，切实落实应用型创新人才培养目标。

在制定人才培养目标时，大多数地方本科高校基本已达成这样的共识：培养应用型创新人才。

那么，究竟什么是应用型的创新人才，在制定培养目标时高校应遵循哪些原则和思路，本节带你一起了解这些问题的答案。

3.1.1　高校应用型创新人才目标的确立

应用型人才是指可以在技术开发和应用中起到重要作用的人才，是以提高专业实践能力为核心的人才，其重点在于专业能力和实践能力。

根据创新类型的不同，可以将创新人才分为三种（见图3-1）。总的来说，创新型人才是指在已有的技术或知识的基础上，利用自身的思维、知识和能力，创造新的理论、技术或知识的人才。

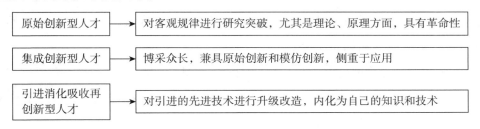

图 3-1　创新型人才的类型

应用型创新人才是指结合应用型和创新型人才特点，应具备扎实的理论知识、较强的实践技能、积极的创新精神和能力等，并将自身的理论知识应用到生产、管理、服务等实践中，创造出新东西，侧重在社会发展中做出的革命性贡献。

通过培养应用型创新人才，地方本科高校不仅可以顺利实现转型，还能促进各行各业的升级和更新，因此培养应用型创新人才是本科高校培养人才的目标。

3.1.2　人才培养目标原则和思路

培养应用型创新人才，其重点在"应用"和"创新"，即以应用为目标，以创新为特征。高校应围绕创新的发展规律，对学生的应用实践能力进行，分阶段、分层次地培养，通过实践性、应用性较强的课程，并创新教学方法、课程设计、教学体系等，有意识地培养学生的创新意识和能力，最终培养学生成为应用型创新人才，可以根据以下原则和思路构建人才培养目标。

（1）以人为本的原则

对于高校学生而言，创新并不是一蹴而就的，需要掌握一定的基础理论知识，并发散思维，才有可能进行创新。因此，要想培养学生的创新能力，高校就需要给予学生一定的自我发展空间，对其进行个性化培养。

本科阶段的学生处于快速成长的时期，在这一时期，学生思维活跃，创新意识、思维、能力和习惯都处于养成阶段。因此，地方本科高校可抓住时机，遵循以人为本的原则，在契合人才发展规律的基础上制定人才培养目标，为学生指明发展方向，给予学生自我发展空间，提升其创新能力。

（2）开展各项培养活动培养学生的综合能力

本科阶段是学生积累基础知识、培养专业技能，并养成科学思维、创新思维的关键阶段，因此地方本科高校需要开展各项活动培养学生的综合能力，包括学生的研究能力、学习能力、创新能力等，可以采取以下措施。

① 制定相应的创新培养体系。通过制定科学合理的课程内容、活动内容等，最大限度地培养学生的创新能力，如举办科技创新大赛，充分调动学生的创造性，使其具备动手实践能力和创新能力。

② 制定相关的政策培养学生的探究能力。培养应用型创新人才还需要培养学生的探究能力，高校可制定相关的政策或提供相应的资金，确保每个对学术研究有兴趣的同学具备探究学习的能力。

③ 提供实训、实习机会提高学生的实践能力。应用型创新人才除了需要具备创新人才具有的特征之外，还需要具有将技术和理论应用到实际的生产、生活之中的能力和解决现实问题的能力。因此，地方高校需要提供实训、实习机会，不断提高学生的实践能力。

3.2　应用型创新人才培养模式的体系架构

地方本科高校在明确培养应用型创新人才的目标和规格之后，接下来的工作就是着手构建人才培养模式体系架构。人才培养模式体系架构包含着很多内容，可以为地方本科高校人才培养提供指导和保障，因此需要有层次、分阶段地对其进行构建。

那么，该如何构建人才培养模式体系架构，需要遵守什么样的原则和要求，本节将简单介绍人才培养模式的内涵和类型，并阐述构建人才培养模式体系架构的思路。

3.2.1　人才培养模式的内涵和类型

人才培养模式是指在一定的办学条件下，为培养人才的目标和规格而建立的育人体系架构式样和运行机制，从根本上规定了人才培养的特征，并体现了高校的教育思想和教育理念。

1. 人才培养模式的概念

人才培养模式指在高等教育理论和思想的指导下，依据专业的特点，以人才培养目标为中心，对人才培养过程进行系统、整体的思考和设计，进而形成专业教学活动的运行方式和结构样式，这是一个抽象化的概念。

人才培养模式实质上讲述了两方面的内容：一是人才培养目标和人才培养规格，讲述了地方本科高校应该培养什么样的人才；二是人才培养的内容、途径、方式、评价标准和保障措施，主要解决地方本科高校该如何培养人才的问题。

2. 人才培养模式的类型

近年来，各地方本科高校不断探索新的人才培养模式，并积极进行实践，取得了一定的成效。目前，应用型创新人才培养模式有以下四种（见图 3-2）。

★ "三明治" 模式　　★ "订单式" 模式

★ "产学研一体化" 模式　　★ "双证制" 模式

图 3-2　应用型人才培养的模式

（1）"三明治" 人才培养模式

1903 年，英国桑得兰德技术学院开创了 "三明治" 教育模式，即学校（理论）—企业（实践）—学校（理论）模式。随后，该教育模式获得了大众的认可，成为整个英国认可的教育模式，并制定了完整的考核评估体系。该教育模式的重点在于政府、企业、学校三位一体的运行机制，学生可以在学校进行相关理论的学习，然后进入企业实习，在实践中掌握理论研究知识之后，回到学校继续深造，这样的培养人才的方式，可有效解决理论和实践脱节的问题[①]。

目前，我国使用这种 "三明治" 人才培养模式的学校很少，大多还在探索阶段，如浙江的台州学院、广西的梧州学院等。该种人才培养模式比较灵活，适合应用型本科教育，不仅可以改变地方本科高校过于重视理论知识的情况，还可以在与企业深入合作的同时，了解地方行业或企业需要什么样的人才，有利于高校的进一步发展。

（2）"订单式" 人才培养模式

"订单式" 模式，顾名思义，是指学校和企业双方通过签订用人及人才培养协

---

① 庞春敏，张伟民，劳汉生. 基于 "盖茨比标准" 的生涯教育改革——英国新一轮生涯教育改革与启示 [J]. 外国中小学教育，2018(10)：35-44.

议的方式，进而形成的人才培养模式，这是比较常见的人才培养模式之一。在该种模式下，学校和企业双方并不是随意签订协议的，而是双方进行充分的市场调研之后，才开始考虑签订协议，并且其签订的协议具有法定的委托培养关系，呈现出以下特征。

① 用人单位参与高校毕业生的培养计划，共同实施人才培养过程，高校比较清楚和了解企业需要什么样的人才，可以更加有计划地培养相关人才。

② 高校和企业可以充分利用对方的资源，培养出具有实践能力的人才。同时，用人单位需要按照协议安排学生就业，为学校和学生提供便利。

这种人才培养模式可以实现"适销对路"，为用人单位培养其所需要的人才，同时为地方本科高校解决就业难题，促进地方经济社会的发展。

（3）"产学研一体化"人才培养模式

"产学研一体化"模式是学校和企业的深度合作与互动，不仅强调学校、学生和用人单位的合作，强调学生知识、能力和素质的发展，还需要学校科研部门的参与，促进教学、科研和人才培养的互动发展。

目前，我国上海工程技术大学、南京工程学院等都采取了"产学研一体化"模式，其以社会需求为导向，加强产学研一体化模式的建设，构建学科、专业对接产业的模式，目的是培养出具有实践能力、创新能力、适应地方经济发展的应用型创新人才。利用这种模式培养人才，可以让学生充分感受到真实的职工工作环境和生活，同时企业可以更加了解高校的运行机制，共同参与科研项目等活动，加快高校科技成果的转化。

（4）"双证制"人才培养模式

"双证制"的培养模式最初在高职高专院校实现，后来一般普通本科高校也开始实施。

所谓双证制，并不是学生拿到多个学位证书，而是指学生在校期间，可以参与职业岗位的培训、考试和鉴定，到毕业时可以同时拿到毕业证书和职业岗位证书的模式。目前，我国很多地方本科高校都在尝试采用"双证制"人才培养模式，要求学生在毕业时可以拿到至少一张与专业相关的职业岗位证书。

"双证制"模式的出现和实施，可以有效提高学生的实践和创新能力进而提高其在职业中的竞争能力；对培养学生的职业能力，实现人才培养和职业岗位的对接，具有很重要的作用。

3.2.2　人才培养模式体系架构要求

人才培养模式的体系架构需要遵循人才培养目标的基本要求，除此之外，还需要把握以下三点，其要求如下。

1. 明确人才培养的目标和规格。

人才培养目标和规格是构建应用型人才培养模式的出发点，也是归宿点。人才培养目标是人才培养的基础和前提，如果没有培养目标，就如同在没有方向的大海中航行，十分危险；而人才培养规格是人才培养目标在实践中的具体化，地方本科高校可以根据地方社会和用人单位对人才的要求、培养人才的教育方针等因素确立。

2. 构建相应的育人体系架构

在人才培养模式体系架构中，围绕着人才培养的诸多方面建立起多个育人子体系，主要包括五个子体系（见图 3-3）。它们相互支撑、相互渗透，并运用科学、合理的运行机制和管理机制，共同构成了育人体系架构。可以说，育人体系架构是实现人才培养目标和人才培养规格的保障，可以有效发挥人才培养模式的优势。

同时，各个育人子体系和支撑体系是为人才培养服务的，需要遵守应用型本科教育的基本要求，培养具有实践能力的人才。

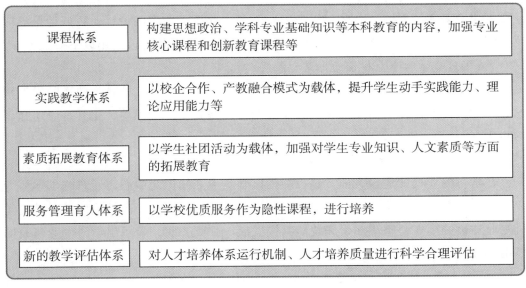

课程体系	构建思想政治、学科专业基础知识等本科教育的内容，加强专业核心课程和创新教育课程等
实践教学体系	以校企合作、产教融合模式为载体，提升学生动手实践能力、理论应用能力等
素质拓展教育体系	以学生社团活动为载体，加强对学生专业知识、人文素质等方面的拓展教育
服务管理育人体系	以学校优质服务作为隐性课程，进行培养
新的教学评估体系	对人才培养体系运行机制、人才培养质量进行科学合理评估

图 3-3　人才培养模式体系组成部分

3.保持人才培养模式架构的稳定

地方本科高校在制定出人才培养模式之后，需要保持相应的稳定性。当然，这里并不是说人才培养模式不能改变，而是指需要保持其架构体系的完整性和稳定性，不要发生大幅度的改变，在具体运行时，可以根据形势和实践的发展变化，对其内容进行适当修改。

3.2.3 构建人才培养模式体系架构

人才培养模式体系架构是一个有机的整体，具有整体性、有序性和调控性等特点，其立足于学科专业建设、课程和教学体系建设、教学支持和保障体系建设等方面，围绕培养人才的知识、能力和素质进行建设，以培养学生的知识应用能力。构建人才培养模式体系架构可以从以下三个方面建设。

1.学科专业建设

人才培养离不开学科专业，通过学科专业可以传授学生相关的理论知识和实践技能等。同时，学科专业可以反映出科研的现状和社会对人才的现实需求。因此，高校的学科专业建设是人才培养模式体系中的关键环节。

通过建设学科专业，地方本科高校不仅可以将科技成果进行转化，为高校服务社会提供有效手段和方法，还可以通过对学科专业课程内容的设计，更好地培养应用型创新人才，加强高校学科专业建设和社会的联系，具体可以采用以下措施。

（1）转变学科专业建设的思路和做法

改变重视理论探究、忽视实践应用的传统做法，并根据高校自身的实际发展情况，将学科专业建设的重点放在实践用方面，强调高校的应用性，尤其是应用知识的转化方面。

（2）转变学科专业建设的模式

在学科专业模式建设方面，高校习惯以学科专业知识为中心，而忽略了学科专业技能，因此在模式建设方面，出现强知识、弱技能的现象。高校应该及时转变学科专业建设的模式，坚持知识和技能共同发展、并驾齐驱，显示出学科专业建设的应用性价值。

（3）进行战略研究和规划

学科专业建设不仅要满足市场需求，更要符合社会发展的需要。因此，在建设学科专业时，需要立足于地方社会发展，进行战略研究和规划，而不是追求学科齐全或不顾实际情况设立热门专业。

总之，高校在构建人才培养模式体系架构时，需要重视专业学科的建设，应以应用型创新人才为目标，对高校的学科专业进行调整、重组等工作，进行审慎决策。

2. 课程和教学体系建设

（1）课程体系建设

课程设置是培养人才的基础，我国高校在课程设置方面，逐渐摸索出新的课程设置模式，构建出"平台＋模块"的课程模式。然而，在课程建设的导向方面，依旧存在过于重视理论知识，技能训练性课程、实践性课程所占比重比较少，在这些课程设计方面缺乏系统性等问题。因此，地方本科高校应以培养应用型人才为目标，对课程体系进行重构、升级，可以采取以下措施。

① 转变以学科专业的理论知识为中心的课程体系，转变课程设置框架，构建基础和专业、实践课程和理论课程相结合的课程体系框架，从整体上对培养人才的课程进行规划与设计。

② 以培养应用型人才为目标，搭建专业基础知识、知识开发应用、素质拓展以及实践技能四大课程体系平台。在该平台中利用模块对专业知识进行划分，如划分为科学与技术、创业与生涯规划等模块。

总之，通过课程体系建设，可以将应用型人才培养进行落实，并确保人才培养的多样化、个性化发展，有效加强学生的理论知识的学习，并提高其实践技能。

（2）教学体系建设

在教学体系建设方面，现有的教学体系基本围绕着精英型、学术型人才培养目标，显然不适应地方本科高校培养人才的目标，因此需要进行转型和重构。

首先，在教学内容上，需要将理论知识和实际情况进行紧密联系，将教学内容和社会发展进行紧密联系，尤其是社会生产生活领域的联系，注意培养学生应用知识的能力和技巧。

其次，在教学实践上，增加实践教学课程，从学生对能力的应用规律出发，以提高学生实践应用能力为目标，对实践教学进行分层、分级设计，保证学生可以循序渐进地掌握实践能力。

最后，对校内外的实习实训进行设计，从内容、形式、方式等方面进行合理设计，将实践性、应用性较强的课程作为学生实习实训的内容，和校外实习企业进行深入合作，并结合教学、实践和培训，形成科学合理的应用型人才培养机制。

总之，通过课程和教学体系的建设，可以将知识和实践技能巧妙地融入学生的课程之中，使学生潜移默化地掌握相关的专业技巧，提高学生知识转化的能力，并具备扎实的理论知识基础，达到创新的基本要求，培养其成为应用型创新人才。

3.教学支持和保障体系建设

教学支持和保障体系是高校进行应用型创新人才培养不可或缺的手段，并提供基础的保障，包括很多基本的设施和相关的制度，其内容如下（见图3-4）。

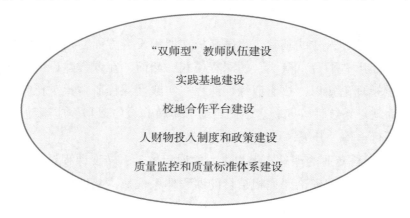

图3-4 教学支持和保障体系建设的内容

（1）"双师型"教师队伍建设

高校要想为学生提供较为优质的教学质量，就离不开教师，因此需要加强对教师队伍的建设，培养"双师型"教师。

基于培养应用型创新人才的目标和特点，其对高校教师提出了更高的要求，即教师不但应该具备较高的学科专业理论知识，而且应具备一定的实践经验和动手操作能力，这样才能有效指导学生快速掌握专业知识和技能。如果高校教师缺乏实践经验或动手操作能力较差，即使高校开设实践性的应用或技能课程，也很难指导学生进行实践，进而达不到预期的课程目标。

目前，我国地方本科高校的教师队伍现有的知识结构和实践能力制约了实践应用型课程的开设和效果。因此，地方本科高校需要采取相应的措施加强教师队伍的建设，保证应用型创新人才培养目标的实现。

（2）基地建设和校地合作平台建设

基地建设和校地合作平台建设是学校培养人才的重要场所，关系着人才培养的质量，同时也是高校服务地方社会的有效途径和机制，因此地方本科高校必须加强对这些基地和平台的建设，满足高校培养人才的要求。

首先，地方本科高校隶属于地方政府，在基地建设和校地合作平台建设方面具有天然的优势，很容易获得地方政府的支持。

其次，地方本科高校可以在基地建设中开展实习、培训等活动，培养学生动手实践能力，既可以使学生获得工作经历和经验，又可以和企业加强合作，为校企进一步合作提供良好的基础。

最后，校地合作平台的建设为培养应用型创新人才提供了多层面平台，学生可以通过该平台广泛了解社会、融入社会，增加了为社会服务的渠道和方式。

（3）人财物投入制度和政策建设

在人财物投入制度和政策建设方面，无论是教师队伍建设、基地建设或是学科专业建设，都离不开经费投入和相关政策的支持，因此高校需要建设完善、科学合理的人财物投入制度和政策，确保人财物可以顺利配置到相关项目建设之中，保证项目的顺利实施。例如，在进行学科专业建设时，如果采取平均分配的办法，就很难打造出特色学科，因此需要根据相关制度和政策进行分配，有所侧重。

（4）质量监控和质量标准体系建设

项目的建设需要进行质量监控，并对其建设质量进行评价，这是项目建设不可或缺的流程，是项目质量的保障。因此，地方本科高校需要加强在质量监控和质量标准体系方面的建设，制定相关的制度和评价标准，对项目的质量进行有效管理，为高校人才培养模式体系架构提供良好的保障体系。

3.3　创新地方本科高校人才培养机制

与人才培养模式不同，人才培养机制强调在遵循其运行规律时，采取相关的措施或手段，实现特定的目标。在制定人才培养机制时，大部分高校会采取校企联合培养机制。

本节将简单介绍当前我国地方本科高校人才培养机制中存在的问题，并给出创新人才培养机制的措施。

3.3.1　人才培养机制的问题

为推动地方普通高校向应用型大学转型，国家出台了一系列的政策文件，并明确其转型目标、思路和主要任务。对地方本科高校而言，培养应用型创新人才是人才培养转型的目标，虽然已经尝试做一些改变，但其现有的人才培养机制显然并不能满足当前的需要，主要存在以下三个问题。

1. 专业调整机制尚未成熟

地方本科高校已经开始转型之路探索，在突出自身办学特色和竞争优势方面，有些地方本科高校已经取得一定成效，但对于部分地方本科高校来说，在人才培养转型方面，仍存在一些问题，尤其是专业调整机制。其专业调整的力度不够大，且不少高校会借鉴、参考其他一流高校的专业，并没有围绕地方经济发展设置专业，因此需要加强专业建设，完善专业调整机制。目前，我国经济在快速发展，经济转型的进程也不断加快，地方本科高校应紧跟地方行业或企业对人才的需求，主动及时地优化专业结构，这样才能获得长远发展。

2. 协同育人机制有待完善

目前，地方本科高校经常采用的协同育人机制是校企合作机制，但该机制存在很多问题，主要表现在：

① 校企合作机制是由政府主导，高校和企业实施的合作机制，涉及三方的效益，对其合作共赢的利益点没有进行深入研究，导致高校对此表现很积极，而政府和企业的积极性都不高；

② 政府相关部门对校企合作的认知不到位，尚未意识到校企合作对当地社会发展的推动作用，表现为敷衍被动，导致校企合作在根本上很难有明显变化；

③ 企业对校企合作不积极，在企业看来，校企合作就是学校向企业输送实习学生，有些实习并没有必要，并且还要安排专门人员进行接待，有些实习只是将学生作为降低用工成本的方法，忽视了学生创新的作用，不能做到"人尽其才"。因此，地方本科高校需要完善协同育人机制，找到三方合作共赢的利益点，兼顾各方利益，充分调动其积极性，最终实现人才培养质量的提升。

3. 人才培养机制合作层面较低

人才培养机制的形式有多种，如校企联合培养、高校和地方共同培养、高校和社会共同培养等，但这些合作大都停留在低层面的合作，尚未进行深入合作，具体表现为：① 高校在人才培养模式或课程设置方面很少征求合作方的意见，合作方也没有专门的人员参与课程设计，其制度并不完善；② 在实训实习过程中，高校的管理出现缺位现象，缺乏对学生进行有效的管理，同时学生在实习实训期间，文化知识和专业理论的学习不能得到完整的延续。因此，地方本科高校需要加强合作层面，进行深入、实质的合作。

综上所述，地方本科高校人才培养机制仍旧存在很多问题，为加强地方本科高校人才培养转型，必须创新人才培养机制，培养出高质量的应用型创新人才。

3.3.2　创新人才培养机制措施

创新人才培养机制不仅有利于形成更加科学合理的专业布局，优化专业结构，使其更加符合社会和高校自身发展的需要，还可以推动教学模式的改革，形成完善的应用型创新人才培养体系。

地方本科高校可以采取以下措施来创新人才培养机制，实现应用型创新人才的培养目标（见图 3-5）。

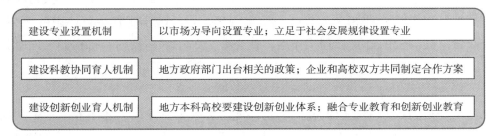

图 3-5　创新人才培养机制措施

1.建设专业设置机制

在专业设置方面，我国地方本科高校存在很多局限性，不能紧跟市场需求设置专业，往往向一流大学看齐，这样设置专业并不符合高校的实际情况，也不符合地方社会的发展，制约了高校转型发展。因此，地方本科高校需要创新专业设置机制。

（1）以市场为导向设置专业

在设置专业时，不能只是简单拓宽专业口径，要从根本上改革专业设置机制，根据市场和社会的需要进行专业设置。这就要求地方本科高校进行调研，了解区域行业或企业对于人才的需求，并优化自身的专业结构，培养相关专业的人才。

（2）立足于社会发展规律设置专业

地方本科高校在设置专业时，不能仅仅着眼于容易就业的学科和专业，还要符合社会的发展规律。例如，有的专业仅仅是昙花一现，从长远发展来看，注定会被市场和社会淘汰，如果地方本科高校过多设置这样的专业，会造成进退两难的局面。

因此，地方本科高校在专业设置机制方面，不仅需要关注地方经济社会发展的需求，还需要从社会发展规律进行设置，保证专业能够可持续发展，培养出真正的应用型创新人才。

2. 建设科教协同育人机制

产学研合作模式是校企进行深入合作的进一步尝试，是校企联合培养人才的新机制，可以从以下方面进行建设和完善，促进地方本科高校人才培养转型。

（1）地方政府部门出台相关的政策，加强学校领导和高校领导的重视

无论做什么事情，都要抓住事情的本质和关键，产学研合作模式的关键在于政府、学校和企业的重视，这样才能找到三方合作共赢的利益点，充分调动三方的积极性，将产学研合作放在工作的重心上，进而取得良好的效果。

（2）双方需要共同制定合作方案

合作方案需要双方共同的参与，注重双方的沟通和了解，并建立相关的规章制度。高校可以邀请企业相关人员参与教学管理，包括教学工作会议、教务例会等，让企业参与到高校的日常管理工作中，使企业更加了解高校的运行机制。同时，企业可以邀请高校工作人员参与企业的运行，使高校更加了解企业的需求。

（3）在人才培养方面，高校和企业进行深入合作

这里是指高校和企业应该共同制定人才培养计划、建设人才培养基地、共同承担科研项目、共同组建师资队伍、共同开发课程内容等，全方面、多角度围绕人才培养进行深入合作，在人才培养方面充分发挥双方的优势，致力于培养应用型创新人才，促进地方经济社会发展。

3. 建设创新创业育人机制

培养应用型创新人才，需要高校提高学生的创新意识和创业能力，因此在创新创业方面，可以积极建设创新创业育人机制。

首先，地方本科高校要将创新创业教育和人才培养的全过程进行结合，在人才培养的每个关键环节，添加相关的创新创业教育内容，如创新创业课程、创新创业项目、创新创业竞赛等。

其次，地方本科高校要建设创新创业体系，并构建相关的教育模式、教育课堂等，并积极应用在实践当中，培养学生的创新创业能力。

最后，实现专业教育和创新创业教育的融合。对于学生来讲，如何将专业知识进行创新是其面临的一大难题。因此，高校应该有意识地引导学生进行专业方面的创新，将学生所学的知识理论内化为自己的东西，并在实践活动中不断推陈出新。这需要推动专业教育和创新创业教育的融合。

3.4　培养地方本科高校人才的方案

与人才培养模式不同，人才培养方案并不是抽象的概念，而是具体的表达和描述，涉及人才培养的课程体系、教学模式和方法、教师队伍、教学制度等内容。在制定人才培养方案时，高校需要整理清楚相关的教学问题和关系，才能制定出切实可行的方案。

本节将简单介绍人才培方案的内涵和要素，并着重分析地方本科高校在转型时，创新人才培养方案的措施。

3.4.1　人才培养方案的内涵

人才培养方案是什么，很多学者对此有自己不同的认识，其表述也不尽相同，但其核心内容基本相同。总的来说，人才培养方案是人才培养的具体化方案，是用来指导、组织和管理教学工作的基本文件，一般依据专业的培养目标和培养规格制定，人才培养方案的内涵包括以下五个方面（见图 3-6）。

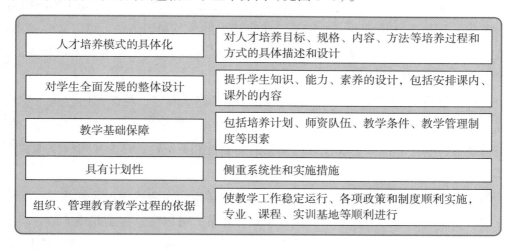

人才培养模式的具体化	对人才培养目标、规格、内容、方法等培养过程和方式的具体描述和设计
对学生全面发展的整体设计	提升学生知识、能力、素养的设计，包括安排课内、课外的内容
教学基础保障	包括培养计划、师资队伍、教学条件、教学管理制度等因素
具有计划性	侧重系统性和实施措施
组织、管理教育教学过程的依据	使教学工作稳定运行、各项政策和制度顺利实施，专业、课程、实训基地等顺利进行

图 3-6　人才培养方案的内涵

人才培养方案在高校教学工作中也具有十分重要的作用，不仅是实现人才培养目标和培养规格的总体蓝图，也是指导和管理教学过程的指导性文件，同时可以用来衡量高校的教学水平和教学质量，具有体系性、可操作性和稳定性的特点。

总之，与教学计划不同，人才培养方案比教学计划的内容要更加深远，是以教学计划作为载体的人才培养规格和目标的总体设计，更加强调对培养过程的设计和管理。

3.4.2　人才培养方案的要素

在制定人才培养方案时，需要对人才培养方案进行整体规划和分析，可以从人才方案的要素进行了解。

人才培养方案需要具备三个要素，即培养方案的主线、培养方案的结构模式、培养方案的技术路径。其中，培养方案的结构模式是人才培养方案的核心和关键。

1. 人才培养方案的主线

人才培养方案主线是指对学生能力、知识、素质的培养而设计的发展路径，不同的发展路径会培养不同的人才。例如，我国中央部委直属高校通常以"学科本位"为主线培养学术型、精英型人才。

随着我国高等教育大众化的发展，以专业的专、深为主线的人才培养方案显然无法适应社会的需求，社会需要的是应用型、技能型的高校人才。因此，地方本科高校需要及时改变人才培养方案的主线，以传授知识、提高素质、培养能力为主线，将专业教育和素质教育结合起来，实现学生的全面发展，提高学生的动手实践能力。

首先，在知识结构方面，高校需要拓宽学生的专业知识结构，可以加强基础理论教育，鼓励各专业积极设置专业基础课程，增加选修课的比例等，采取相应的措施扩大专业课程的选择面。

其次，在课程体系方面，高校需要深化改革教学内容，对课程内容进行建设，加强其逻辑和结构间的联系，避免课程内容的重复，使之形成系统化的整体；对课程进行重组、整合和衔接，确保课程体系的完整性和系统性，使学生可以掌握宽广、扎实、系统的专业知识，具备良好的科学文化基础。

再次，在学生动手实践方面，高校需要重视学生的实践课程，尤其是课程实验、专业实习、毕业实习、工程实训、社会实践等环节，可以将这些实践环节结合起来，进行科学设计，最终形成实践教学课程体系。在这个过程中，地方本科高校需要和地方产业或行业进行深入交流与合作，发挥出企业在人才培养中的作用，使学生可以在实践中加深对理论知识的掌握。当然，高校还可以通过开展各种形式的科技创新活动，在实践活动中培养学生的实践能力。

最后，高校也不能忽略学生的基本素质，要加强对学生的思想道德建设，提高学生的身心素质等。高校需要充分发挥思想政治课程的作用，将其作为主阵地，将社会主义核心价值观、社会主义文化自信等融入其中，在潜移默化中加强对学生的思想道德建设。同时，高校还可以增加音乐艺术、人文科学或心理学、公共体育等方面的课程，提高学生的人文素质、身体素质等，最终使学生获得全面发展，培养出应用型、创新型人才。

2. 人才培养方案的结构模式

我国很多高等院校在人才培养的结构模式上，通常采用传统的"楼层式"课程体系结构（见图 3-7）。

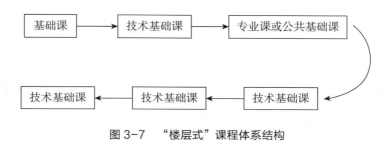

图 3-7　"楼层式"课程体系结构

"楼层式"体系结构比较适合精英型人才的培养，强调扎实的专业基础，其专业口径较窄，具有针对性，可以快速培养出专业对口的人才，其缺点在于过于忽视学生的能力和素质方面的培养。随着高校的不断发展，很多高校在课程体系结构方面做出改革，取得了一定成效。例如，一流本科院校大力推进"一体化"课程体系结构。所谓"一体化"课程体系结构，是指高校按照学科大类进行招生，放宽其专业口径，实行分类培养，并结合普通教育课程、专业教育课程、学科和跨学科教育课程等的课程结构模式，这种模式重视专业基础理论，无法突出实践教学。

对于地方本科高校而言，其办学条件比较薄弱，师资力量有限，其目标是培养应用型人才，因此需要创新课程体系结构，改变人才培养方案的结构模式，可以采取以下措施。

① 采用"平台＋模块"的课程体系结构。"平台"课程体系是指根据公共基础平台、专业大类基础平台、专业平台等对学生需要学习的课程进行设置，从而形成平台课程。

② "模块式结构"是指将课程按照一级学科、二级学科或专业技能进行分类，组合成各种学科知识模块或专业技能模块，然后将平台课程和各种模块课程根据其关联性进行组合，形成专业的课程体系结构。高校可以利用这种"平台＋模块"课程体系结构培养应用型、技能型人才，如浙江省的宁波大学，积极应用"平台＋模

块"的课程体系结构，在培养应用型人才方面取得了一定成效。

③ 将"平台 + 模块"的课程根据学生需要掌握的程度分为不同的类型，即选修课和必修课。选修课属于学生有选择地学习的课程，应以拓宽知识结构为主，因此可以结合专业方向模块课、专业任选课和公共选修课进行设置；必修课是学生必须掌握的理论知识，因此可以结合公共基础平台课、专业基础课（或学科基础平台课）以及专业课等进行设置。

总之，地方本科高校通过对课程体系结构的建立和划分，不断扩大学生对专业和课程的选择权，使学生有针对性地学习自己需要的知识，可以有效拓宽学生的知识结构，增加学生的基础理论知识，最终形成扎实的基础知识。

3. 人才培养方案的技术路线

与学术型、精英型人才培养模式不同，地方本科高校要想打破现有的人才培养模式，就不能待在"象牙塔"中对学生进行培养，必须进行改革，创新人才培养的技术路线。

校企合作是培养应用型人才的必经之路，是提高学生实践应用能力的关键和有效手段，因此在制订人才培养方案时，需要以用人企业、学生的知识和能力作为出发点，按照"倒推法"的技术路线进行制订（见图 3-8）。

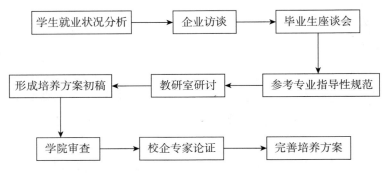

图 3-8 "倒推法"技术路线

当然，在制定人才培养方案的技术路线时，需要进行实际调研，对毕业生就业情况有所了解和掌握，广泛听取毕业生和专家意见，如关注企业行业座谈会、毕业生座谈会等，并进行人才培养方案的论证，邀请有权发言的代表人参与该论证，如地方行业和企业相关专家等。

3.4.3　人才培养方案的创新

1. 充分调查人才培养需求

地方本科高校要想实现人才培养的顺利转型，就必须优化、创新现有的人才培养方案。对于地方本科高校来说，制定人才培养方案的第一步就是对人才需求进行调研，只有充分了解地方的人才需求，才能培养出符合地方经济发展的人才，进而促进高校和地方的进一步发展。

① 在进行调研工作时，需要进行全面、整体的需求调研并进行分析，可以从地方经济社会发展需求、国内行业认证标准、行业调查、学生家长调查、在校生调查等方面开展人才需求调研，其内容主要包括人才适应行业和岗位的状况、区域或行业对高校毕业生需求情况等。

② 在进行调研工作时，可以采取多种调查方式进行调研，确保调研的全面性、系统性，如文献资料整理、座谈和问卷调查等。地方本科高校只有对人才培养的需求进行全面掌握，才能制订出科学合理的应用型创新人才的培养方案，为高校的转型发展奠定基础。

2. 调整人才培养目标和规格

在经过科学、全面的市场调研之后，地方本科高校将会对地方社会的人才需求有所了解和掌握，接下来就可以根据调研结果，重新制定人才培养目标和规格。

首先，地方本科高校由于科研实力和师资力量比较薄弱，大多数是教学型高校，这就意味着地方本科高校的主要任务是培养应用型创新人才，为地方经济发展服务。因此，地方本科高校需要明确人才培养目标、规格和学校定位的关系，为地方的企事业单位，尤其是基层单位和民营企业，输送满足其需求并具备相应的实践能力和技能的优秀毕业生。同时，地方本科高校在制定人才培养目标时，不能进行盲目跟风或攀比，不要盲目向研究型大学靠拢，而是要了解自身的优势和劣势所在，明确自身办学定位，重视学生的专业技能训练，尤其是注意培养学生动手实践能力，使得学生具备适应地方经济社会发展的能力。

其次，地方本科高校在制定人才培养目标时，也不能忽视自身办学特色对培养目标的影响。地方本科高校处于不同的区域，其经济发展、历史传统、资源配置等各不相同，办学特色自然也不尽相同，这决定了各地方本科高校人才培养模式的不同。如果地方本科高校不顾自身发展的实际情况，而是按照同一种培养目标、规格培养人才，无疑是另一种形式的同质化，也就无法取得最佳的效果。例如，有的地方高校培养出的毕业生，无论是在专业方向还是实践能力等方面，都和其他高校的毕业生没有多大差别，体现不出自身的发展优势和潜力，导致在市场上没有竞争力。因此，地方本科高校需要立足于自身的办学特色和办学条件，因地制宜，对人才培养目标和培养规格进行调整和优化，坚持因材施教、分流培养和面向基层的原则。

最后，地方本科高校大多数并不在省会城市，其经济发展有所欠缺，在外来人才引进方面，存在诸多困难，满足地方社会人才需求的重任就需要这些地方本科高校来承担。因此，地方本科高校在制定人才培养目标和培养规格时，需要充分考虑地方社会对人才因素的需求，努力培养应用型创新人才。同时，很多地方本科高校是由专科学校升格形成，升本之后，在人才培养目标和培养规格方面没有任何经验，具有局限性，往往是借鉴、套用传统本科高校的人才培养方案，使地方本科高校严重缺乏自身的办学特色，转型之路更加艰难。

总之，地方本科高校在制定人才培养方案时，不能盲目借鉴传统本科大学的培养方案，需要了解自身的办学特色、掌握当地社会对人才的需求、明确自身的办学定位，并在此基础上，调整人才培养目标和规格，加强学生实践能力的培养，培养出具有竞争优势的高校毕业生和应用型创新人才。

3. 创新课程和教学体系

在人才培养方案中，课程和教学体系建设是其关键和核心。在调整和优化人才培养目标和规格之后，就可以根据人才培养目标和规格进行创新。

（1）构建新的课程体系

地方本科高校要加强对学生实践能力和基础知识的培养，因此可以构建新的课程体系，即将课程分为通识课程、专业基础课程、专业课程、职业教育课程等模块。

设置新的课程体系，其具体表现为：适当减少理论知识课程的课时，增加培养学生实践能力的课程的课时；在专业课程方面，增加学生的选择权，增加选修课程的开设比例，并对专业方向的课程加强建设；拓宽专业的口径，根据专业设置职业教育课程模块，在满足地方社会对人才的实际需求的基础上，为高年级学生，尤其是面临毕业的学生设置不同的专业方向，使学生可以在自己感兴趣的职业方向中发展，这也有利于实现分流培养。同时，为提高学生的创新能力，可以将创新创业教育纳入课程体系，开设创新创业课程，培养每位学生的创新创业意识，营造良好的创新创业氛围。

通过创新课程体系，地方本科高校可以为人才培养提供更加科学合理的课程内容，这不仅符合地方本科高校的人才培养目标和规格，还符合地方社会对学生实践能力和职业能力的需求，是学生、高校、企业进一步发展的必然趋势。

（2）创新教学内容

对于课程体系建设而言，教学内容的改革是其核心所在，教学内容需要和人才培养的目标和规格一致，要注意把握以下关系。

首先，地方本科高校的教育属于本科教育层次，应用型创新人才需要掌握一定的理论知识。因此，地方本科高校在创新教学内容时，需要根据本科教育的规律和学科专业的发展及时更新教学内容，包括最前沿的学科专业动态、教学科研成果等，加强对教学实际问题的研究，努力提升自身的科研实力。

其次，地方本科高校需要调整一般性理论教学内容，这类内容往往具有普遍性，不能凸显出高校的办学特色，因此需要结合自身的实践条件，根据人才培养的目标和规格，增加和当地社会生产、实践关系密切的教学内容，加强教学内容的应用性研究。

最后，创新教学内容往往体现在对教材的建设中，地方高校需要对教材进行改编和创新。对于专业选修课程和职业教育课程而言，这些课程最能凸显学校的办学特色和办学优势，因此地方高校可以在这些课程中使用自编教材，并在自编教材中融入人才培养思想，根据不同专业的发展方向有所侧重地进行教学内容的设计，最终形成高校自身的特色和优势，打破同专业的教材千篇一律的现象。

（3）创新教学方法

传统的教学方法比较单一，采用教师完全主导课堂的教学方法，不能充分发挥学生的创造性和积极性，效果也不尽如人意。因此，地方本科高校需要创新教学方法，可以从以下几个方面开展。

① 创新教学方法，如启发式、参与式、谈论式等教学方法，充分调动学生的思维，培养学生的创新意识和能力。

② 充分利用现代化的技术手段和方法，探索微课、慕课等课堂模式，如充分发挥网络的作用，引进校外的精品课程，对高校内部优秀的课程进行建设，发布到网络之中，让更多的学生可以观看、学习，推进教育资源的共建共享。

③ 创新实验教学的模式和方法。在实验教学方面，大多数高校实行的是验证性实验，这种实验模式很难发挥出学生的创新性，因此地方本科高校需要创新实验教学，增加学生动脑和动手的机会，为其提供相应的实验条件和设施，建设开放型实验、综合性实验、研究性实验等，使实验教学可以真正培养学生的实践能力和创新能力。

④ 创新实习、实训方式。在学生实习和实训方式上，很多高校习惯于观摩式、

浏览式或帮工式的实习,这些形式往往流于表面,不能培养学生实际的工作能力和技能。因此,地方本科高校需要建立真正的实习、实训方式,如建立实习基地,使得学生真正参与到实际的生产和工作之中。

(4)拓展课程空间

地方本科高校可以将课堂教学和实验教学延伸到社会实践活动中。

首先,加强实践基地的建设并进行利用。在基地中利用模拟的方式,将课堂教学、实验教学融入实践活动之中,以具体化、情景化等方式,使学生在实践活动中充分感受到专业理论知识和技能,调动其积极性,加深其对专业的了解。

其次,发挥高校教师的引导作用。高校教师引导学生参与课堂教学或实验教学的组织和实施,使其了解教学运行的过程,在亲身验证或感受下,提高其学习知识的主动性。

最后,发挥科技创新活动的积极作用。各类科技创新活动可以说是学生的第二课堂,通过参与各类学科竞赛、科研项目、技术发明等活动,学生可以不断拓展新知识,并利用自己掌握的知识解决实践活动中的问题,做到学以致用,提高自身的创新能力。

第 4 章　地方本科高校学科与专业转型

地方本科高校转型面临的主要任务之一是培养应用型创新人才，这需要改变高校重理论、轻实践的做法，要对高校的学科建设和专业建设进行改革和创新，打造一批具有特色的学科和专业，使其更加符合地方社会发展的需求，提高高校的竞争力。

本章主要介绍地方本科高校在学科和专业方面的转型的目标任务，着重介绍地方本科高校在学科和专业方面转型的途径，并给出相应的策略和方案。

4.1　特色学科提升高校的竞争力

地方本科高校转型发展包括在学科和专业方面的转型，特色学科的建设可以有效提升高校的竞争力，其学科转型向特色学科发展，是高校转型发展的一大方向。

本节重点介绍学科建设的内涵和作用，并阐述进行特色学科建设的必要性和意义。

4.1.1　学科建设的内涵和作用

在了解特色学科建设之前，首先需要了解学科建设的内涵和作用，这样才能更加透彻地了解建设特色学科的必要性和意义。

学科是高校进行教学研究的基础，是人才培养、科技发展的结合点，十分重要。那么，什么是学科呢，对于学科的概念，有狭义和广义两种认识。狭义的学科是指一种知识或学术体系；广义的学科是指知识体系和围绕该知识体系而展开的各种教学科研活动和学术组织。

总之，学科是由相对独立的知识体系构成的一定科学领域，在学科体系结构中，学科的层次也较为分明（见图4-1）。

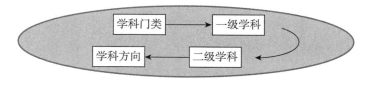

图4-1　高校学科体系结构

高校可以按照学科的知识体系，并结合行业特点，对学科进行归类。这种分类，对高校进行学科建设具有重要的指导作用。

学科水平的高低反映出高校办学水平的高低，因此加强学科建设是当前高校面临的基础任务，也是重要的基本建设。学科建设的内容包括很多方面，如学术梯队建设、确定研究方向、争取研究项目、形成科学合理的学科管理制度等，其主要目标是取得更高水平的研究成果，具有以下六个要素（见图 4-2）。

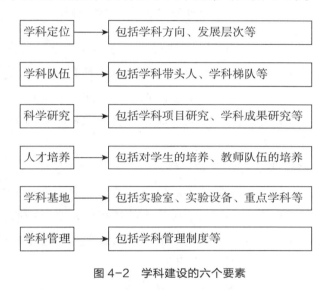

图 4-2　学科建设的六个要素

学科建设是高校的根本保证，具有的作用包括：规范学生的定向发展，是人才培养的沃土；提升高校的核心竞争力，是高校发展的平台；体现着高校的办学水平和综合实力，是高校基础职能的重要基础。

4.1.2　特色学科建设的必要性和意义

特色学科是地方本科高校特色办学的集中体现，也是地方本科高校转型发展的方向之一。对于地方本科高校来说，特色学科体现出高校的办学特色，可以有效提升高校的竞争力，是地方本科高校转型的必然趋势，其必要性和意义主要体现在以下方面。

1. 特色学科建设是高校办学特色的集中体现

特色学科建设不仅是地方本科高校的发展基础，同时集中体现了高校的办学特色，这主要体现在以下三点（见图 4-3）。

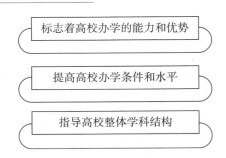

图 4-3　特色学科在办学特色中的集中体现

（1）特色学科建设在一定程度上标志着高校办学的能力和优势

在泛类学科发展的环境中，特色学科无疑对学生具有非常大的吸引力。如果地方本科高校中存在特色学科，就可以迅速区别于其他同类型的地方本科高校，吸引更多的学生报考，可以有效提高高校的整体办学实力和核心竞争力，并实现高校利益的长远发展。

（2）特色学科建设可以有效提高高校的办学条件和办学水平

之所以这么说是因为，特色学科建设离不开地方本科高校的大力扶持，其质量和高校的办学条件密切相关，在特色学科建设的过程中，会不断吸引优秀的专家学者，同时地方政府和其他各方力量也会不断加入，这会为特色学科的建设带来各种资源，最终提高高校的办学条件和办学水平。

（3）特色学科的建设对高校整体学科结构建设具有指导作用

对于地方本科高校而言，其学科结构并不合理，通过建设特色学科，可以对高校资源进行有所侧重地分配，改善整体学科结构。同时，建设特色学科可以有效提高高校的知名度和办学实力，体现地方本科高校的办学特色。

2.特色学科建设带动相关学科发展

对于地方本科高校来说，如何转变高校学科建设思路，成为高校转型发展的重要问题。

建设特色学科就是不错的选择，可以带动相关学科发展，最终实现高校学科建设的顺利转型。高校可以将有优势、有特色的学科和其他学科进行交叉融合，带动相关学科的发展，如电子学科和生物学科进行交融，利用现代电子技术的知识，推动生物学科的发展。高校可以通过建设特色学科来推动高校整体的学科建设，主要体现在以下几点。

（1）特色学科的建设会对其他相关学科产生推动作用

当今时代，学科之间的壁垒不再分明，很多时候学科之间呈现交叉融合的现象。

例如，越来越多的高校出现需要结合多种学科理论知识的专业，学科之间交叉融合的情况越来越常见。地方本科高校可以通过特色学科和其他学科的交叉融合，促使特色学科快速发展，获得新的学科发展方向，同时推动相关学科的发展。

（2）特色学科的建设是一个漫长的过程，不能一蹴而就

在这个过程中可以采用由点及面的策略，即通过建设某个特色学科，然后以该特色学科为核心进行辐射，不断建设其他学科，逐渐拓宽学科建设的范围。同时，在这个过程中，高校还应该采取相应的措施来加速其他学科的发展，如合作研究、资源共享等方式，最终提高高校的整体学科建设质量。

（3）高校之间的竞争日益激烈

地方本科高校要想谋求发展，占据一席之地，就必须加快特色学科的建设，提高高校的办学实力和办学声誉。当特色学科得到充分发展之后，可以为高校获得更多的办学资源，此时自然可以带动其他学科的建设。

3. 特色学科建设可以提高高校的核心竞争力

任何团队或组织，如果要想获得进一步发展，就必须具备自身的核心竞争力，使自身可以在该领域或行业中占据独特优势，地方本科高校亦是如此。

高校需要建设自身的核心竞争力，获得进一步发展，而特色学科就是高校核心竞争力之一。特色学科作为地方本科高校特有的专业学科，和泛类学科不同，其具有鲜明的特色，主要体现在人才培养方面。特色学科建设可以为当地社会输送源源不断的特色专业人才，满足当地社会发展的需要，从而促进当地社会发展和经济建设。同时，特色学科可以有效提高地方本科高校的整体实力，使高校在人才培养、社会服务、科学研究等职能方面更加优秀，显示出自身的独特之处。

总之，地方本科高校应该致力于特色学科建设，提升自身的核心竞争力，这样在未来和其他高校竞争时可以占据主动性。

4.2　建设特色学科的目标和途径

有特色才能保证地方本科高校具有不可替代性，具有长久的生命力。建设特色学科、优势学科，才能真正提升高校的竞争力，是高校办学的根本保障。

地方本科高校该如何建设特色学科，特色学科的目标任务又是什么，本节将简单介绍建设特色学科的目标和途径。

4.2.1　建设特色学科的目标

我们需要明确一点，学科有特色并不代表学科水平在其领域中占据前沿地位。特色学科是指具有自身特点，并在长期建设中形成的、在某个方面或某些方面具有较高水平的学科，其核心是突出优势、长期沉淀。建设特色学科的目标是向学科精品和品牌学科转化。

1. 建设学科精品

地方本科高校建设特色学科的目标之一是建设学科精品。所谓精品，是指精心创造的作品；而学科精品是指高校精心创造的学科，是高校结合自身优势学科，重点、精心打造的学科，可以凸显出高校的办学特色和办学优势。

在打造学科精品时，并非要选取最新、最热门的学科进行建设，而是需要选取自身最有优势、最具特点的学科进行建设，如此才更加容易建设出学科精品。

2. 建设品牌学科

品牌学科是指在专业条件、建设水平和人才培养质量等方面达到一流水平的学科。

建设特色学科的目标之一就是建设品牌学科，提升高校在科学研究方面的地位，扩大品牌效应，提高高校的办学效益。

因此在建设品牌学科时，需要建设重点学科，从而优化学科结构，提高建设水平。同时，需要加强对学科建设的资金投入，给予充分的资金支持，保障品牌学科可以顺利建设。

3. 提升教学科研水平

高校进行特色学科建设的根本目标是提高教学科研水平，通过建设特色学科，可以提高高校的办学水平和实力，培养出具有特色的专业人才。

4.2.2　建设特色学科的途径

在了解高校建设特色学科的目标之后，地方本科高校就可以着手进行建设特色学科了。学科建设是庞大的工程，涉及学校、学院和政府三个层面，其建设途径如下。

1. 学校层面建设特色学科

学校层面起到的作用十分重大，不仅需要把控好方向，还要注意具体实施的细节，并需要结合学科建设和高校转型发展，使其二者可以共同发展。学校可以根据以下途径进行特色学科建设。

（1）构建特色学科体系

地方本科高校在建设特色学科时，需要遵循分类发展、各有侧重的基本原则。分类发展，从字面上很容易理解，是指将高校的学科进行分类和规划，可以从学校实力、学科特色和优势等方面进行考虑，在资源配置、建设目标和发展策略等方面进行不同规划，有所差别和区分，将学科按照不同层次进行划分，建设层级发展模式，但学科层次不宜过多，两个层级就足以满足大多数地方本科高校的要求。

各有侧重是指高校可以根据学科自身的特点，在人才培养、科学研究和社会服务方面，分析学科的不同优势，然后有所侧重地使其承担不同职能的学科发展模式。例如，应用型学科在社会服务方面更有优势，可以通过校企合作、技术转让等方式促进科研成果转化；基础研究型学科在人才培养方面更加合适，其可以提高学生基础理论知识的素养，培养出更加优秀的人才等。

分类发展、各有侧重还体现在学科横向划分方面，可以将高校的学科进行横向区分，分为学术研究型和技术服务型。其中，前者的重点在于发挥学术型人才的特长，主要内容包括学术创新和科技研发，其核心在于人才队伍建设和研究科研成果；后者的重点在于将科研成果进行转化的机制，主要内容包括创新社会服务手段、推动学科建设成果转化，其核心在于成果转化和社会服务。因此，地方本科高校也可以根据这种分类方式，将现有的学科进行分类发展，建设特色学科。

（2）促进学科建设成果的转化

学科建设成果的转化主要体现在以下两个方面：一是将学科建设的成果融入专业建设之中，为其提供智力支持和学术支撑，进而培养出符合地方社会需要的高质量特色人才；二是将学科建设成果融入服务地方之中，为地方经济社会发展提供科研成果转化、产教融合、校企合作等服务，促进学术价值向社会价值转化。

（3）完善学科考核体系

在进行特色学科建设工作时，高校应该制定合理的考核标准和体制对学科建设成果进行考核，保证特色学科建设的质量和水平。地方本科高校可以根据学术成果、社会效益等对特色学科建设做出评判，并创新质量评价标准，构建科学合理、显性和隐性结合的学科考核指标体系。显性指标是指在特色学科建设过程中的外在体现，包括学术成果、人才培养、学科平台等内容。隐性指标是指在特色学科建设过程中的内在动力，包括学科组织力、创新力、凝聚力、学风等学科文化建设。

（4）加强学科特色凝练

地方本科高校在建设特色学科时，需要凝练学科方向，找到其学科特色。学科特色的方向有很多，可以是学科已经形成的优势，可以是学科前沿领域、学科交叉融合形成的创新方向，还可以是地方社会的特殊需求或地域特色。总之，地方本科高校需要围绕学科的独特性和不可替代性进行分析研究，根据学科的差异制定发展战略，这样才有可能在高校竞争中具有特色优势。

当然，高校还可以围绕学科方向，以特色研究为核心，加大对重要的科研项目和科研成果的培育力度，通过结合学术研究和学科方向，不断对学科进行建设，进而形成学科自身的优势，在激烈的竞争中占据一席之地。

同时，地方本科高校应以特色学科和创新团队为基础，推进各方资源的深度融合，加强自主创新和协同发展，不断提高特色学科建设能力。

（5）加强学科教师队伍建设

高校教师是学科发展的主要力量，对特色学科建设具有十分重要的作用。因此，地方本科高校需要加强对学科教师队伍的建设，采取相应的措施提升高校教师的能力和水平，如开展学术交流等以提高教师的专业素质、科研水平。同时，需要提高高校教师的思想政治素质，使高校教师具备良好的职业道德和从业道德，积极参与高校特色学科建设。

2. 学院层面建设特色学科

与学校不同，学院是基层学术的组织，是建设特色学科的具体实施者，是人才培养的直接实施者，肩负着特色学科建设的重担，对于学院而言，高校在进行转型时，会对原有的学科进行重新规划，着力建设特色学科，不可避免地会砍掉无法继续发展或不符合地方社会需求的学科，因此，学院需要积极配合学校的工作，有序执行学校的命令，聚焦工作重点，可以从以下方面开展。

① 根据学校制定的特色学科发展规划，学院需要制定相应的特色学科建设规划，应以培养应用型创新人才为目标，对接地方经济社会发展，凝练学科方向，突出学科的优势和特色。学院需要调动起广大教师的积极性，集思广益，发挥集体智慧的优势，尤其是确保学科带头人和学科方向负责人的参与，以保证特色学科建设的科学性、指导性以及可操作性。同时，学院要围绕特色学科的建设成效定期召开会议，总结经验，及时调整策略。

② 学院需要按照特色学科发展的目标和任务，对学院内的财物等各种资源进行统筹，并明确权力与责任。例如，学院要与学科负责人或方向负责人签订工作协议，

明确其职责范围，建立相应的考核和激励制度，这样可以有效提高特色学科建设的质量。除此之外，学院应对建设经费的使用制定相应的规则，应符合国家、省市的规定，其过程要公开透明，并接受监督。

③ 学院应该积极拓展学科发展平台，并以该学科平台为基础，整合各方资源。例如，学院可以自己建设或联合企业建设相关的重点实验室，共同开发学科项目，并对其科研成果进行利用，实现科研成果的共享。

④ 学院需要做好特色学科建设的检查和评估工作，制定相关的评价指标体系。该评价指标体系要突出特色学科建设对科研工作的指导作用，有效处理特色学科建设与其他工作职能的关系，实现特色学科建设提高高校竞争力的目标和服务地方社会的任务。

3. 政府层面建设特色学科

在地方本科高校转型发展的过程中，地方政府有不可推卸的重任和义务。众所周知，地方本科高校在行政关系上直属于地方政府，地方政府是地方本科高校的举办者，在其转型发展过程中具有统筹作用，因此在建设特色学科时，需要制定相关的政策，并为地方本科高校提供财政支持、人力支持等，协助其顺利完成转型。地方政府需要以改革驱动、政策引导、示范引领推动地方本科高校转型，对区域内的高校转型发展做出统一部署。

首先，地方政府需要明确地方本科高校深化改革的思路，完善高校转型的"精准"政策，加强对应用型本科学科建设的统筹管理。同时，在制定高校转型政策时，需要兼顾统一性和灵活性。统一性是指区域内的地方高校需要遵守统一的转型政策；灵活性是指运行高校时在一定范围内因地制宜，根据学科的不同特点制定相关的政策，灵活开展转型工作。

其次，地方政府需要找到应用型学科建设的切入点，推动高校建立与地区联系紧密的应用型学科体系。地方政府需要发挥统筹作用：根据地方或区域经济发展需求，推动高校特色学科建设向区域中主导产业或特色产业靠拢，构建和区域产业结构相适应的学科体系，调整高校人才培养结构；建立行业和企业相关领域专家参与的学科评议制度，对高校的特色学科建设进行有效指导和严密把关；完善学科建设预警机制，及时向社会公布需求少、就业质量不高的学科，避免有些地方本科高校因追求全面而乱扩建专业；指导地方本科高校跟踪地方社会经济发展趋势，加强特色学科、优势学科建设。

4.3 特色学科建设促进专业建设

从某种程度上来说，建设特色学科就是在建设特色专业，地方本科高校可以利用特色学科建设来促进专业建设的发展。

专业建设是一项复杂的系统工程，包含多方面的内容，如师资队伍、课程教材等。本节将简单介绍专业建设的目标和内容，并阐述学科建设和专业建设的关系。

4.3.1 专业建设的目标和内容

地方本科高校具有促进地方经济发展的重任，可以通过培养高质量的实用型人才实现。要想培养高质量应用型人才，就需要进行专业建设，专业建设决定着人才培养方向，影响着高校的办学定位和格局。专业建设的目标可以分为三个层次进行建设（见图4-4）。

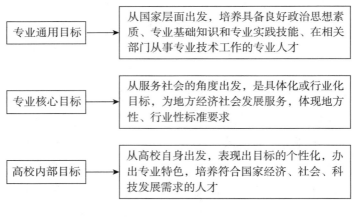

图4-4 专业建设的目标

专业建设的构成要素包括教师队伍、课程教材、实验室等，往往根据学科分类进行划分，其主要内容包括制定专业培养目标和培养方案、改进专业教学手段和方法、开发课程和教材、建设实验室和实习基地、建设师资队伍等（见表4-1）。

表4-1　专业建设的内容和功能

专业建设的内容	专业建设的功能
制定专业培养目标和方案	应包含明确的办学思想和精准的专业定位，其专业培养目标定位明确，方案科学合理、切实可行
开发课程和教材	课程建设是专业建设的中心环节，包括课程内容、课程实施、课程评价等内容；教材应具有科学性、先进性和实用性的特点，不断提高其更新率和选优率；结合专业特点，编写有特色的教材
改进专业教学手段和方法	专业教学手段和方法是专业建设的基础，应充分利用现代科学技术手段和方法，创新专业教学方法，激发同学对专业学习的积极性
建设实验室和实习基地	实验室和实习基地是学生进行实践的重要场所，是专业建设的物质基础。其应该具有设备齐全、管理规范的特点，要符合专业的实践要求，确保实验和实习的顺利开展
建设师资队伍	师资队伍是专业建设的人力保障，是专业建设的关键。高校应该引进高层次人才，有计划、有目标地培养高校教师，形成优秀的教师队伍

通过专业建设，可以有效培养学生掌握基本知识和技能，更好地为培养应用型创新人才服务。可以说，专业建设是提升学生就业竞争力的重要途径。

4.3.2　学科建设和专业建设的关系

地方本科高校的转型发展是全方位、多层次的转型，其中包括学科建设和专业建设的转型。那么，学科建设和专业建设之间的关系是怎样的呢？二者有什么异同呢？

1. 学科建设和专业建设具有统一性

学科建设往往可以反映出一所学校的学术实力和水平（如可以根据学科建设状态或指标进行大学排名），同时可以显示出高校在人才培养、科学研究和教师队伍建设方面的价值取向。

与学科建设不同，专业建设的发展则可以反映出高校在人才培养方面的趋向（如可以根据专业建设分析高校培养人才的方向），同时可以体现出高校在培养人才方面的价值取向。

学科建设和专业建设相辅相成，具有较高的统一性。学科建设为专业建设提供必要的知识体系支撑，是专业发展的重要基础；专业建设为学科建设提供必要的人力资源支撑，并为学科专业分化和融合提供可能。

学科建设和专业建设的统一性还体现在人才培养方面。首先，通过专业建设，高校可以利用科学合理的课程和优秀的教师队伍，培养出社会需要的专业人才；其次，高校可以通过学科建设（主要是研究生层次的教育），利用高水平的科研实力和优秀的教师队伍等，培养出具有学科专长的高层次专业人才。无论是学科建设还是专业建设，二者都是为培养人才而服务的。因此，二者在人才培养方面具有较高的统一性。

2. 学科建设和专业建设具有共生性

从资源共享的角度来看，学科建设和专业建设是协同共生关系，这主要体现在以下两个方面。

在人力资源方面，学科建设和专业建设是资源共享的，这主要体现在高校教师方面。在学科建设中，高校教师是科研工作的主力，是学科领域中的研究者和实践者；在专业建设中，高校教师是某一专业的教学者，是教学工作的组织者和实施者。因此，高校教师是学科建设和专业教师的共同主体，通过学科建设和专业建设可以有效提高高校教师的学术水平和教学水平。

在物力资源方面，学科建设和专业建设的资源也是共享的。一方面，高校的基础设施，如先进的仪器设备、实验室建设、研究基地等可以为学科建设提供良好的科研环境和学术条件；另一方面，这些基础设施也可以和教学相结合，为专业建设提供基础的教学保障。

3. 学科建设可以促进专业建设

学科建设可以促进专业建设，并提高人才培养水平，这主要体现在以下两个方面。

① 学科建设的方向往往会影响专业建设的课程内容，学科在进行建设时，会有不同的研究方向，有时会催生出不同的专业，其课程内容自然不会相同。例如，计算机学科，由于其研究方向有很多，其侧重点有所不同，因此会产生不同方向的专业课程体系和教学内容。

② 学科建设的科研成果可以转化为专业的课程内容。在进行学科建设时，其具有一流的科研队伍、良好的科研条件、前沿的学科方向，这些都很容易产生优秀的科研成果，而这些科研成果则会转化为专业建设的课程内容，为培养专业人才提供理论知识。

4.4　地方本科高校专业建设途径

专业建设是地方本科高校培养人才的重要基础和保障，通过专业培养，可以使学生掌握必要的专业基础知识，培育出应用型创新人才。那么，该如何加强高校的专业建设呢？

现阶段，地方本科高校处于转型的关键期，在专业建设方面普遍存在不合理的问题。这些问题的出现不仅会导致地方本科高校丧失自身的办学特色，还会影响当地经济社会的发展。

专业建设出现问题，会导致高校培养的毕业生难以满足当地行业和企业对人才的需求，进而严重制约高校和地方的发展，因此专业建设是地方本科高校转型的前提和基础。

专业设置要体现出地方特色，重点突出其应用型。当前，地方本科高校在专业建设方面存在很多问题，为解决这些问题，应从学校、专家和政府三个不同的角度进行建设。

4.4.1　学校层面建设专业

对于地方本科高校而言，专业建设是培养人才的基础，高校可以采取以下措施进行专业建设（见图 4-5）。

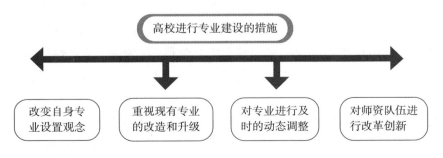

图 4-5　高校进行专业建设的措施

1. 地方本科高校要改变自身的专业设置观念

须知并不是高校有什么学科的老师就设置什么样的专业,而是需要根据社会的需求设置专业。因此,地方本科高校在进行专业建设时,需要明确设置专业的目的,即培养可以服务地方社会的应用型创新人才,并针对该目标进行科学合理的专业规划,对专业的申报和后续的建设进行全过程管理,确保不脱离专业建设的目的。

2. 地方本科高校要重视对现有专业的改造和升级

在这个过程中,可以根据地方社会经济的特点和需求,对应于技术类专业进行重点调整和优化,培养出符合社会经济发展需求的专业应用型人才。当然,也不能忽视应用性较弱的专业的改造,在坚持特色专业建设的基础上,需要对其进行积极改造,努力发展新专业。

3. 地方本科高校及时对专业进行动态调整

地方本科高校要紧跟时代的步伐,结合国家和地方社会经济发展的实际情况,逐步撤并一些滞后的、与地方社会经济发展不契合的、人才定位模糊的专业,进而设置科学合理的专业,培养地方经济发展所需的人才。

4. 地方本科高校需要对师资队伍进行改革创新

目前,高校的教师队伍存在一些问题,进而制约了高校的专业建设,主要表现在理论知识很丰富,但实践能力和经验并不到位。因此,地方本科高校需要做好教师培训和建设工作,做好高校教师考核和转岗制度安排,使高校教师在专业结构方面逐渐转型,向符合地方社会经济发展的方向转型。

4.4.2 专家层面建设专业

地方本科高校在对新专业进行申报之后,相关专家需要对其进行评审,因此从专业层面来说,需要专业评审专家进行严格把关,可以从以下两个方面开展。

首先,专业评审专家要根据地方经济发展的需求和高校专业建设的情况,从学科布局出发,以高校整体专业结构调整、优化为目标,将那些办学条件好、师资力量强、发展潜力大、具有办学特色的优势专业评选出来,使其有利于服务社会经济转型和升级。

其次,专业评审专家在确定评报条件和标准时,不能有模糊的地方,需要做到明确、全面、具体。在进行审查的过程中,要仔细审查高校提交的所有申报材料,确保高校自身的条件,如学科、课程、师资和教学设施等可以满足申报专业的需求,同时确保申报的专业符合地方经济发展对应用型人才的需求。

综上所述，专业评审专家需要严格按照设定的评选标准，对高校申报的专业进行评选，评选过程需要公开透明，做到客观公正严格把控质量关，确保高校开设的专业可以在地方本科高校转型过程中发挥积极作用，可以协助高校设置定位明确、培养模式有特色、培养方案可行、有较强社会适应性的特色专业，更好地为地方服务。

4.4.3　政府层面建设专业

地方本科高校进行转型发展，不仅需要高校主动求变，还需要政府和社会各界的支持，这样才能顺利推动高校的转型发展。从政府的角度来说，政府应该积极制定和地方本科高校转型相关的政策措施和激励机制，促进高校的专业建设（见图4-6）。

图 4-6　政府对高校专业建设采取的措施

1. 扩大地方本科高校在专业建设方面的自主权

地方政府需要明确自身的权力范围，给予地方本科高校更大的自主权，使高校可以根据地方经济发展、市场需求和自身办学条件等，对专业进行设置和调整。同时，地方政府可以利用自身的信息优势，对地方本科高校进行指导，为其提供信息资源、咨询参考等服务，对需求量较小的专业进行统筹规划，避免各高校之间专业重复设置的现象，提升高校的办学效益。

2. 加大对地方本科高校专业招生的支持

地方政府要支持高校的招生工作，合理规划高校各专业的招生比例，并充分发挥自身的指导作用，做好人才需求发展趋势和预测工作，制定专业发展规划，在区域内形成合理的专业布局。当然，地方政府可以通过对招生人数的增量和存量进行倾斜和调整，支持那些就业质量高、贡献能力强、符合地方社会发展的专业扩大招生，从而完成区域内合理的专业规划，培养更多的应用型创新人才。

3. 加大对地方本科高校专业建设的资金支持

无论做什么事情，都需要资源，而资源需要经费的支持。地方本科高校在进行专业建设时，需要大量的经费购买相关的资源，如果经费不足，很难建设出具有高质量的专业。因此，地方政府可以通过制定相关的财政政策，对地方本科高校给予资金支持，加大对地方产业发展急需、技术性强等专业的支持力度，并建立相关的评价机制，可以根据该评价结果对经费进行配置，从而调动高校在专业建设方面的积极性。

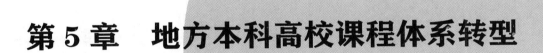

第 5 章　地方本科高校课程体系转型

地方本科高校在进行转型发展时，除了需要在学科和专业建设方面进行改革和创新之外，在课程体系建设方面，也需要改变现有的课程体系。

在传统的课程体系之中，其课程是按照学术型人才培养的目标进行设置的，比较重视理论课程，对实践课程、创新课程等并不重视，其培养的学生存在培养口径不宽、动手能力不强的问题。因此，地方本科高校在转型过程中，需要对课程体系进行改革和创新，即设置应用型本科课程体系。

本章介绍了高校课程的含义和特征，地方本科高校开发课程体系的思路、内容等基本内容，并对构建应用型本科课程体系给出建议和对策。

5.1 地方本科高校课程的含义和特征

课程，一个很熟悉的词语，无论是学习还是工作中，我们经常接触到各种各样的课程。你真的了解什么是课程吗，课程的概念是什么呢。

在高校中，课程和专业、学科的关系十分密切，课程是教学计划的核心和基本单元，不仅关系到人才培养的质量，还关乎高校的办学水平，具有非常关键的作用，本节将主要对课程的含义和特征进行介绍。

5.1.1 地方本科高校课程的构成

在应用型本科教育课程体系中，按照课程内容的组织形式，可以将高校的所有课程分为以下七种（见图5-1），高校通过这些课程可以提高学生的综合素质和应用实践能力。

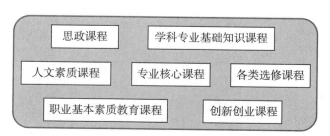

图5-1 地方本科课程的基本构成

5.1.2　地方本科高校课程的含义

课程和学科的关系非常紧密，课程是在学科的逻辑基础上进行开发的。有时，开设课程的直接目的就是帮助学生掌握系统的学科知识，这时，课程和学科的含义几乎相同。那么，课程就是学科吗？当然不是，课程和学科虽然有所相似，但有本质的区别。下面简单介绍课程的含义，进一步了解课程。

1. 课程的含义

高校课程是高校教育内容最集中、具体的表现，涵盖了高等教育的学科体系和教育活动，高校培养各种类型的人才都是通过课程实现的，具有非常重要的作用。

对于高校课程的概念，每个学者都有自己的认识，且从狭义和广义的角度对课程的内涵进行了不同的介绍。笔者认为，从狭义的角度理解，高校课程是具体的教学科目，其要素有很多，包括编制课程内容、制定课程目标、实施课程等，通过高校课程，学生可以获得该学科或该专业的具体知识。从广义的角度来理解，课程不仅包括具体的教学科目，还包括高校为培养人才制定的一系列活动和实践，包括校园外和课堂外的活动。通过高校课程，学生可以获得理论知识、实践能力、创新能力、提升基本素质等，进行全面发展。

2. 课程的组成要素

课程的组成至少需要六个要素，即课程的目标、理念、知识体系、教学模式、教学资源、任课教师等（见图 5-2）。

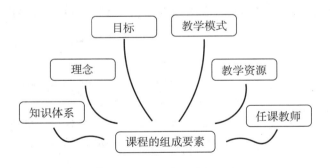

图 5-2　课程的组成要素

课程目标：目标是课程的关键，只有明确课程目标，才能在目标的指导下完成后续工作。通过课程目标，高校培养学生相关的能力，进而实现人才培养目标。

课程理念：理念是课程的灵魂，每种课程都有不同的理念，通过课程理念可以安排课程的具体知识，采用合适的教学模式和教学方法等，其起着决定性作用。

课程的知识体系：知识体系是课程的核心，通过知识体系的设计，帮助学生掌握相关的课程知识和技能。根据知识体系的不同，其教学模式、教学方法、教师的知识结构也会有所不同。

课程的教学模式：教学模式是课程的基石，随着现代科技的进步，各种现代技术的应用，其教学模式也发生相应的改变。教学模式不同，其教学资源和教师类型也不相同。

课程的教学资源：教学资源是课程的基础，包括教材、课件、网络资源等，还包括辅助教学的设施等。如果缺少教学资源，高校教师就会捉襟见肘，就算有很多本领也无法开展。

课程的任课教师：任课教师是课程的主体之一，教师承担编写教材、开发教学资源、实施课程教学等职责，并联合其他课程要素，为学生提供课程服务。

高校课程的类型多样，根据其划分的标准不同，高校课程可以分为不同的类型，如按照课程的组织方式划分（如专业课程和通识课程），按照课程管理层次划分（一级学科、二级学科等），按照课程的选读要求划分（如必修课程和选修课程）。

5.1.3　地方本科高校课程的特征

与基础的教育课程不同，高校的课程在教育体系中所处的层次较高，具有自身比较独特的特点，只有具有这些特点和特征的课程，才能被称为高校课程。

地方本科高校培养人才的目标是应用型创新人才，其应用型本科课程体系应围绕这一目标进行设置，因此其课程需要满足并具备以下特征（见图5-3）。

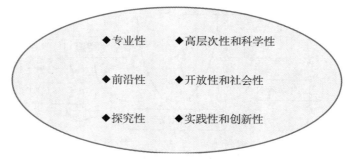

图5-3　地方本科高校课程的特征

1.高校课程具有专业性

高校课程和专业的关系十分密切，如果将专业比作高楼大厦，那么课程就是其中的建筑材料，二者不可分割。可以说，高校课程的本质属性就是专业性，而专业的灵魂和基础就是课程，且每个专业的课程体系都不相同。

总之，在高校的教学体系中，学科知识是课程设置的元素，课程是专业建设的手段和基础，而学科和专业人才培养的目的要通过课程来实现，课程体系也往往根据专业进行构建，三者相互促进、相辅相成。

2.高校课程具有前沿性

目前，科学技术不断向前发展，新兴的技术不断涌现，时代的变化对高校课程提出了更高的要求，高校应该及时更新课程内容，将科技发展前沿的知识和成果纳入相关的课程内容之中，这样才能丰富和发展高校相关的课程，从而实现课程的顺利转型。

高校不仅是培养人才的机构，也承担着开展科学研究的职责。高校可以利用这些优势，将科技发展前沿的最新知识和成果引入到课堂之中，创新课程内容，并反哺到科学研究方面。同时，最新的科研成果也可以培养学生探索创新、科学研究的能力。因此，高校的课程需要具有前沿性，要具备科学技术发展的最前沿的知识和成果，这不仅是时代对高校课程的要求，同时是高校课程发展的需求，是高校课程的必然选择。

3.高校课程具有探究性

与其他课程不同，高校课程并不是简单地传授学生学科知识，而是一种高层次的启发教育，更加注重培养学生的探究能力，鼓励学生去探索未知的世界，需要学生去大胆开拓、积极创新。

在高校课程方面具体表现为：在高校课程内容之中设有学科尚未解决的问题、尚未有定论或尚有争议的观点。这些课程内容具有启发性，可以激发学生探究的欲望。当然，高校教师也会在课程中贯穿自己的思维方式和科研经验，通过不同的形式启发学生的思维，培养学生的探究能力和创新能力。

4.高校课程具有高层次性和科学性

从教育体系来说，与专科层次人才相比，本科层次人才处于较高地位，本科高校具有培养高素质人才的任务，因此其课程内容需要符合并体现出高等教育的水平，具有高层次性。

在课程的内容和结构方面，如课程的知识结构、能力结构和素质结构等，在建设时需要保证其足够科学。由于课程直接面向高校学生，其目的是培养应用型创新人才，因此需要符合地方社会需求，其课程内容要和地方社会经济发展紧密联系，要科学合理。同时，课程结构必须具有科学性，不仅要包括专业基础理论知识，还要包括实践应用课程，合理调配二者的比例，以满足培养人才的要求。

5.高校课程具有开放性和社会性

课程的开放性是指对科技文化和社会需求的开放性，如将现代科技发展的最新技术、理论、方法等内容纳入课程和教材，实现教学内容的包容与进步。

课程的社会性体现在社会关系方面，一方面社会对高校培养的应用型创新人才具有迫切需求；另一方面，高校培养的应用型创新人才需要为社会服务，体现自身的价值。可以说，培养应用型创新人才的课程并不是一成不变的，需要和社会进行沟通交流，完善自身的结构和内容，具有开放性、社会性的特点。

6.高校课程具有实践性和创新性

应用型创新人才需要很强的实际操作能力和创新能力，因此其培养课程也必须具备实践性和创新性。

实际上，应用型创新人才需要深入社会和生产部门，学生要具备在实际生产工作中应用的技能；除此之外，学生还需要具备一定的创新能力，可以消化吸收知识理论，并进行再创造。因此，其课程设置需要加强在实践方面的结合，加强课程设置的创新性，融入一定的创新知识，培养学生的实践能力和创新能力。

5.2　地方本科高校开发课程体系的思路

纵观高等教育的发展史，可以发现，高校的课程体系主要沿用学科分类的逻辑进行建设，导致在组织课程内容时，过于重视知识和理论的连贯性，忽视了实践课程与理论课程的联系。

随着时代的发展，社会更加需要应用型创新人才，而传统的课程体系侧重于培养学术型研究人才，显然已经不能满足社会的需求，因此需要建设和开发新的课程，建立新的课程体系，即应用型课程体系。

本节主要介绍了当前地方本科高校在课程体系方面的现状，并介绍了开发应用课程体系的原则，给出了开发课程体系的途径。

5.2.1　地方本科高校课程体系构建趋势

课程体系通常存在两个方面的理解。从狭义的角度来说，课程体系是指各类课程之间的组织和配合，通过对各类课程的合理分配，最终构建出科学合理的课程体系。高校课程体系主要是指对高校各种课程的比例进行协调，如理论课与实践课、必修课与选修课等。从广义的角度来说，课程体系不仅仅是对各类课程的合理分配，更是一个以实现专业目标为核心的系统，需要在教育理念的指导下，动态组合课程的构成要素，使之为专业目标或课程体系目标服务。广义的课程体系主要包括三个层次，即高校整体宏观的专业设置、专业的课程体系设置、微观的教材体系设置（即具体课程的教学内容）。

在课程体系之中，具有明确的目标要素，各课程之间相互有联系和逻辑，可以根据科技、文化等方面的变化进行及时完善和调整，具有稳定的特点。那么，地方本科高校又该如何开发课程体系呢？

在高等教育大众化的背景下，社会对人才的需求呈现出多元化的特点，需要各种各样的人才，尤其是应用型创新人才。地方本科高校的人才培养目标和方向都逐渐发生改变，呈现出多样化的特点，这必然会影响到课程体系的建设，呈现出多元化、实用化的发展趋势，主要体现在以下三个方面。

1. 课程目标向应用性转变

随着地方本科高校人才培养目标的转变，即以培养应用型创新人才为己任，其课程体系的建设目标也发生了相应的改变。

在开发课程和建设课程体系时，高校更多的是考虑课程的应用性，这门课程是否足够实用，能否培养学生的实践能力等问题，这些转变都体现出课程目标的转变，即向应用性转变。

2. 课程内容向现代化转变

随着信息时代的到来，现代科技知识的更新周期越来越短，社会需要人才手中掌握越来越实用的知识和技能，可以更好地、有创新地解决实际问题。这对高校培养人才提出了新的挑战，要求学生具备扎实的基础理论知识和较高的人文素质，这样学生就可以更好地接受新的科学技术和知识，并进行创新。

因此，高校的课程内容逐渐向现代化转变，需要及时摒弃课程中陈旧过时的实例和范式，并将最新的科学发展的成果、观点、问题、动向等添加到课程内容之中，完成课程内容的现代化建设。

3. 课程模式向多样化转变

当今社会，"单一技术型"的人才已经难以满足社会或行业对人才的需求，统一的课程模式已经无法适应应用型创新人才培养的目标。同时，现代科学技术的发展、理论知识的进步，为高校的课程模式建设提供了更多的选择，高校的课程模式开始向多样化转变。

高校需要根据自身培养的人才目标和规格，制订相应的教学计划和教学模式，充分利用现代化的信息技术，对课程模式进行改革和创新，为学生提供更多的自主选择权和发展空间。例如，高校可以选择传统的教学模式，也可以利用网络建立"慕课"等新的教学模式，全面培养学生的知识、能力和素质，使学生全面发展。

5.2.2 地方本科高校开发课程体系的原则

对于地方本科高校来说，开发应用型课程可以提高自身的教育质量，是增强其核心竞争力不可或缺的途径和手段。应用型课程只有不断更新，才能保持长久的生命活力，培养出符合社会要求的创新人才。

现代社会正在快速发展，新的科学技术、职业类型更是不断涌现，地方本科高校面向地方社会、面向市场办学，为地方社会提供服务，需要开发应用型课程体系，吸纳新的知识、技术、工艺和方法等，从而培养出符合地方社会需要的应用型创新人才。在进行课程体系开发时，需要遵守以下原则（见图 5-4）。

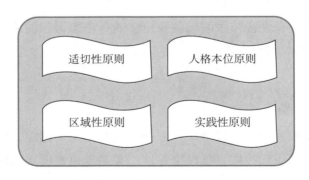

图 5-4 开发应用型课程的原则

1. 遵守适切性原则

首先，在课程内容组织方面需要遵守适切性原则。所谓适切性，从字面上来理解，有"适合、贴切"的含义，是指课程内容要适合、符合高校学生的特点和需要。

应用型课程不仅需要注意对学生的知识和技能的培养，还要培养学生的情感态度、价值观和认识事物的方法。因此，在选择课程内容时，选择高校学生在实际生活中有所需要的课程内容，使学生产生强烈的学习动机，发挥学生的自主性、能动性和创造性，实现学生自身的价值，促进学生全面发展。

其次，在教育质量评价方面需要遵守适切性原则。在高等教育中，不同类型的高校的使命是不同的，不能使用同一套标准衡量高校的教育质量。因此，在进行教育质量评价时，需要考虑到不同层次、不同水平的高校的具体差异，根据适切性原则，构建符合高校实际发展的教育质量评价，建立符合高校课程质量的评价标准。由于地方本科高校所处的层次和学生对教育的需求发生了改变，对高校教育质量评价的主体也发生了改变，其评价主体由高校自身转变为社会各方面的需求。因此，在开发应用型课程时，需要关注培养人才的目标朝着符合地方社会人才需求的方向进行开发、拓展。

总之，在开发应用型课程时，地方本科高校在符合地方企业或行业需求的基础上，对课程内容（包括知识、技能、态度等）进行适当建设，使其具有实用性和适用性，可以为学生提供基本的理论知识和专业技能，又要有一定的前瞻性，即具有发展潜力。

2. 坚持人格本位原则

说到人格本位原则，就必须先要了解人格本位论的教育观。纵观教育发展史，出现了很多有关教育的主张，可以分为个人本位论、人格本位论、社会本位论和文化本位论等。其中，人格本位论是受到广泛认同的一种教育目的观，该教育观主张受教育者的本性、本能可以得到自然发展，强调个人价值、身心的和谐发展，同时注重根据社会的需要来明确其教育目的，兼顾了个人发展和社会需求。

地方本科高校在开发课程体系时，需要坚持人格本位的原则，这是应用型本科教育的发展趋势，是课程开发的必然选择。"人格本位"课程不仅关注学生人格的塑造，尤其是关注学生的精神成长，同时关注社会对人才的需要，根据社会的需求培养相关的人才，主要体现在以下方面。

① 开发人格本位课程可以防止课程在价值取向方面的偏离，是实施应用型教育的有效途径，可以很好地融合科学精神和人文精神。首先，科学精神是人类进行科技探索的动力，正是因为拥有坚持不懈的科学精神，科学研究、科学技术才能不断向前发展，不断突破。其次，人文精神更加关注人类生存的价值和意义，关注人的自身价值和发展，关注人的精神世界。最后，如果科学精神和人文精神分离，将会导致十分严重的恶果，因此只有将科学精神和人文精神有效结合起来，才能不断推

动世界向好的方向发展，而实施人格本位课程则是融合科学精神和人文精神的必然途径。

② 开发人格本位课程有利于培养学生的全面发展。长久以来，在科学教育中，不少高校过于重视知识、技术和能力的教育，而忽视了价值观、科学精神的教育。实际上，在科学课程中，科学精神、科学文化属于不可或缺的部分，是课程的一部分。通过人格本位课程，可以使学生更加关注自身的价值和发展，形成科学的价值观，有利于其全面发展。

人格本位课程是指将知识、能力和人格三大要素结合起来，不仅培养学生的知识和能力，而且注重培养学生的"完美人格"，这是应用型课程的基本内涵，也是其不可推卸的责任。

3. 坚持实践性原则

实践性原则是应用型教育的基本原则，是指人们在进行创造性思维时，必须参与实践，对思维成果进行检验，这样才能使其思维能力进一步发展。

在应用型教育中，需要培养学生的实践能力，使学生具备解决实际问题的能力，可以将所学的知识灵活应用，并进行创新；但在实际应用中，很多高校过于重视理论知识的培养，在课程设置方面，很少设置相关的实践课程，导致学生实践应用能力不强。因此，高校需要开发应用型课程，结合社会实践和生产等活动，加强学生的实践应用能力。

首先，只有在实践中，才能掌握技术和理论知识，这是由技术的实践属性决定的，同时是智力发展的途径。不经过实践，技术只能是纸上谈兵，没有丝毫用处。

其次，"实验室检验真理的唯一标准"，无论是对理论知识的验证还是对理论知识的创新，只有经过实践，才能获得答案。学生在进行实践课程或创造新产品、技术时，需要经过实践对成果进行检验。

最后，应用型课程的目标是帮助学生掌握应用技能，而技能必须在实践中反复训练才能掌握。因此，实践性是高校开发课程的基本原则。

4. 坚持区域性原则

地方本科高校所处的区域不同，区域内的经济发展存在着差异，发展并不平衡。地方本科高校培养的人才主要是为区域经济服务的，这要求高校在开发应用型课程时，坚持区域性原则，必须对本区域内的经济发展状况有所了解和掌握，这样才能建设出和本区域发展相符合的应用型课程体系。

高校在开发课程体系时，需要改变以学科知识为主导的课程组织形式，而是以学生发展和社会经济发展为主导，根据高校自身发展的实际情况和优势，开发特色化应用型课程体系，依靠自身的特色培养人才，创建自身的品牌，提高其声誉和实力。

同时，高校课程体系也会受到区域的经济、资源、材料等的制约。例如，地处山区的地方本科高校，其课程教育内容会侧重于森林资源的开发；而地处平原地区的高校，其课程教育内容会侧重于技术的综合利用等。由于某些应用型技术受到区域能源和材料的影响，从而呈现出区域性。因此，高校在开发课程体系时，需要考虑到这一点，对相关课程的内容进行建设，重点关注区域应用型技术的课程内容。

5.2.3　地方本科高校开发课程体系的途径

对于高校自身来说，开发课程是一件很基础的工作，需要不断进行课程开发与更新，最终建设科学合理的课程体系，可以采取以下途径。

1. 明确课程体系建设目标

与综合性大学相比，地方本科高校并不具备竞争优势，因此在课程体系开发方面，高校需要对发展战略进行调整，整合高校自身的资源，并明确课程体系的建设目标。

目前，地方本科高校在课程体系建设方面，同质化比较严重，需要根据应用型创新人才培养的目标，重新建设课程体系的目标，对课程体系进行特色化建设，使之更加符合现代化的要求。

2. 转变课程体系导向

首先，高校在构建应用型本科课程体系时，应该摒弃之前以学科逻辑为导向建设课程体系的做法，而是以培养学生能力、提升学生素质为导向来构建课程结构，构建知识课程、能力课程、素质课程和创新教育课程四部分。

知识课程的重点在于培养学生掌握必备的基础理论和基本知识，为后续的创新和实践打下坚实的基础。

能力课程的重点在于培养学生的动手能力、操作能力和实践能力，帮助学生掌握解决实际问题的能力。

素质课程包括文学、艺术、音乐、体育等内容，不断提高学生的思想政治水平和人文修养。

创新教育课程的重点在于培养学生的创新能力，通过学科竞赛活动、科研项目等，激发学生的创造性。

其次，在课程开发方面，高校应始终坚持"依托学科，面向应用"的思路。所谓"依托学科"是指以学科为支撑，构建应用型创新人才课程体系，为学生提供厚实的理论知识基础课程，使其具备扎实的理论基础，与高职高专院校培养的技能型人才进行有效区分；"面向应用"是指在培养学生掌握学科知识的基础上，以提高学生实践能力和创新能力为核心，构建相关的课程体系，建设理论课程体系和实践课程体系，和中央部委直属高校培养的学术型研究人才进行有效区分。

最后，在教材建设方面，高校应该与时俱进，主动求变，积极和企业进行合作，了解并掌握最新的科技前沿知识，并将其编写到相关的教材之中。同时，紧跟时代的步伐，及时更新思政课程方面的内容，做好学生的思想道德水平建设。

5.3　构建应用型本科课程体系

要想培养应用型创新人才，高校就需要对课程进行改革和创新，增加关于实践能力和技巧方面的课程，培养学生动手实践能力。因此，课程体系转型即构建应用型本科课程体系很有必要。

地方本科高校在构建应用型本科课程体系时，需要紧紧围绕人才培养的目标进行构建，否则，很容易出现课程体系的偏离，无法起到培养应用型创新人才的作用，导致应用型本科课程体系形同虚设。此外，还需要依据一定的思路和原则，对课程体系的基本架构有所了解，这样才能建设出符合实际需求的课程体系。

5.3.1　应用型本科课程体系框架

构建应用型本科课程体系并不是盲目开展的，而是需要遵循一定的基本框架，地方本科高校可以将课程进行分类、分层次、分模块建设，根据课程类型培养目的不同进行划分，设置符合时代要求和社会实际需要的现代课程体系，构建不同的课程子体系，即理论教学课程体系、实践教学课程体系和创新教育课程体系，最终形成应用型本科课程体系。

1. 理论教学课程体系

理论教学课程体系，顾名思义，主要是关于理论知识的培养，强调通识理论知识和专业技术理论教育，是人才培养的基础，其课程体系结构如下（见图 5-5）。

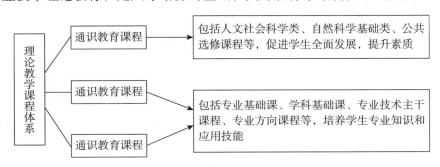

图 5-5　理论教学课程体系

在理论教学课程体系中，主要包括通识教育课程、专业基础课程、专业技术课程三个模块，每个模块都包含不同类别的课程，主要传授学生有关理论方面的知识及应用技能，提高学生的基础素养。

2. 实践教学课程体系

实践教学课程体系的重点在于实践，主要强调学生的实践应用能力，可以根据不同的实践层次进行课程的设置。实践教学课程体系是人才培养的关键，如何贯彻落实这些实践教学课程，是当前高校面临的任务之一，其课程体系结构如下（见图 5-6）。

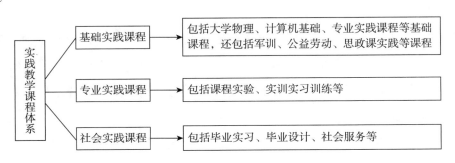

图 5-6　实践教学课程体系

在实践教学课程体系中，分为三个不同的实践层次，包括基础实践层次、专业实践层次和社会实践层次，主要针对学生的动手实践能力进行设置，通过不同的实践过程，从不同的层面提升学生的动手实践能力，掌握专业技能。

3. 创新教育课程体系

创新教育课程体系重点在于培养学生的创新能力，需要学生将相关的专业知识运用到实际的生产活动中，既考验学生的基础理论，又对学生的动手实践能力提出了要求，因此可以将创新竞赛、科研项目训练和学术讲座等课程或活动归纳到创新教育课程之中。

总之，通过构建课程子体系的方法，可以使课程体系变得更加有条理。这三大课程体系相互联系、相互促进，构成了应用型本科课程体系，高校通过新的课程体系，不断提高学生的综合素质、专业知识理论和创新能力等，可以培养出应用型创新人才。

5.3.2 构建应用型本科课程体系原则

在了解应用型本科课程体系的框架之后，接下来就该构建应用型课程体系，在构建该课程体系时，需要遵守以下原则，保证课程体系设置更加科学合理。

1. 人文教育与科学教育结合原则

目前，很多地方本科高校十分重视与职业密切相关的专业知识教育，对其他学科知识教育有所忽视，导致人文教育和科学教育严重失衡。这主要体现在高校学生之间学科知识的匮乏，如文科的学生不了解自然科学方面的知识，理工科的学生不了解人文方面的知识，学文学的学生不懂历史知识等，这无疑使学生的学术视野受到极大限制。

高校应该意识到这一点，应用型创新人才的培养是建立在科学素质和文化素质的基础之上，并不是简单的专业素质培养。实际上，通过人文教育和科学教育，可以开阔学生的视野、拓宽学生的思维、提升学生的思想境界和综合素质，对提高学生的创新能力也有莫大益处。

因此，地方本科高校在构建应用型本科课程体系时，需要遵守人文教育与科学教育结合的原则。高校可以在战略思想和规划方面，对人文教育和科学教育赋予和专业教育同等的地位，并保持其均衡发展，使之成为不同专业学生的必须课程，确保最大限度拓宽学生的视野，培养学生健全的人格。

总之，高校需要将文学、历史、艺术等学科方面的课程融入理论教学课程子体系之中，全面提升高校学生的人文素质和科学素质。

2.通识教育与专业教育结合原则

与通识教育相比，专业教育具有较强的价值取向，但由于专业教育过于强调人才培养的专业性，因而很容易成为"过窄的专业教育"，最终使专业口径越来越窄，越来越不适应市场经济。

为了拓宽专业口径，高校可以将通识教育和专业教育结合起来，克服专业教育的局限性和片面性，充实专业教育。将通识教育和专业教育进行结合的关键在于实践。

实践是学生发展能力的必经之路，是学生获得体会、熏陶思想的途径和重要环节。实践可以将通识教育和专业教育进行科学结合，将通识教育的内容在实践活动中融入专业课程教学，从而不断提高学生的综合素质。

总之，地方本科高校在构建应用型课程体系时，需要遵守通识教育与专业教育结合的原则，将通识教育和专业教育放在同等地位，构建具有系统性、完整性特点的课程体系。

3.理论教育与实践教育结合原则

虽然应用型本科课程体系可以分为三个不同的课程子体系，但并不意味着这三者之间没有任何关联。对于理论教学课程体系和实践教育课程体系来说，这二者之间关系十分紧密，并不是完全割裂的。"理论联系实际"这句话反映了理论教育和实践教育之间的关系，这二者互为条件，不可分割。理论教育与实践教育性结合，是一个双向促进的过程，理论知识可以指导实践，而通过实践则可以加深对理论知识的理解。同时，地方本科高校具有专业性和实践性的特点，因此在进行学生教育时，要遵守理论教育和实践教育结合的原则，注重培养学生的实践应用能力，将理论知识应用到工作实践之中，将理论知识加以内化和转化，最终培养学生成为应用型创新人才。

5.3.3　构建应用型本科课程体系思路

地方本科高校转型发展的主要目的是培养应用型创新人才，即要求学生具有扎实的基础、宽广的知识结构、较强的动手实践能力和优秀的创新能力等，可以解决在实际生产活动中遇到的问题。应用型本科课程体系则是围绕这一目标进行设置，同时地方本科高校具有服务地方的职责，其课程体系建设需要符合地方经济社会发展的需要，可以为地方社会提供服务。在构建应用型本科课程体系时，可以依照以下思路进行构建（见图 5-7）。

结合人文素质教育

注重拓宽知识结构

注重实训操作课程

注重创新创业课程

注重教材内容创新

图 5-7　构建应用型本科课程体系的思路

1. 结合人文素质教育

当代社会，越来越考验人们的综合能力，过去"一招鲜，吃遍天下"的局面早已经被改变，人们要想更好地解决生产中遇到的问题，尤其是工程应用问题，需要掌握自然科学知识，并涉及一定的人文知识，即需要人才具有沟通交流、共同协作、承受压力挫折的能力。

因此，地方本科高校在构建课程体系时，需要考虑到这一点，即增设对学生的人文素质教育课程，将人文素质教育融入人才培养课程体系之中。通过人文素质教育，高校可以培养学生具有健康的心理状态、较高的道德水平，最终使学生可以更好地与人交往，增强自身的抗挫折能力。同时，人文素质教育还可以培养学生的思维创造能力。

2. 注重拓宽知识结构

学生要想更好地创新，其知识结构必须足够丰富，掌握更多方面的知识，相关专业领域都要有所涉及，这样才能打下良好的基础，厚积薄发，为创新做好充足的准备。现阶段，很多高校并没有对课程体系做出详细规划，因此为拓宽学生的知识结构，高校应对课程体系进行改革和创新。

首先，按照通识课程和学科基础课程的两类平台课程进行设置，该类课程中不仅包含学生所学专业必须掌握的基本理论和基本技能，还包括学生基本素质的培育、创新能力的培育等，从各个方面拓宽学生的知识面。其中，通识课程按照一级学科构建，学科基础课程按照二级学科构建。

其次，融合学科基础课程和专业课程，在该类课程中，重点培养学生的动手实践能力和专业必须掌握的深层次技能。其中，专业课程则根据专业方向按照模块进行构建，体现出专业的特色。

对课程体系的改革和创新可以使通才教育和专才教育更好地进行结合，学生可以在不同的课程平台中，有所侧重地学习自身专业的理论知识和技能的同时，不会错失各种基本素养的培养课程，真正实现拓宽知识结构的要求。对于高校而言，这样分层次、分专业的课程体系结构，其条理更加分明、更加科学合理，有利于培养应用型创新人才。

3. 注重实训操作课程

目前，一些高校仍存在"重理论，轻实践"的现象，尤其是在课程设置方面，很多高校实训操作课程设置得不是十分合理，甚至没有实训操作课程。对于地方本科高校而言，要想培养应用型创新人才，就需要加强实训操作课程的设置，使学生真正具有符合生产需要的操作能力。

高校在对实训操作课程进行设置时，需要注重课程内容的科学合理性，和专业理论教育进行有机结合。例如，当学生接受相关的专业理论教育之后，可以对应地设置相关的实训操作课程，在课程中不断加深对专业理论知识的理解，并真正将理论应用到实际之中。因此，高校可以按照实际的工作岗位对人才在知识、能力等方面的需求，对课程内容进行设置，建立科学的实验、实训体系，提高学生的实际动手能力。同时，在教学方面，高校需要将考核的重点放在学习方法和学习能力的培养方面，以培养能力为中心，而不是以理论知识的掌握程度为中心。

4. 注重创新创业课程

高校在培养学生的理论知识、实践操作能力的同时，不能忽略对学生的创新能力的培养。当今社会，创新是一项很重要的能力，通过创新可以实现学生自身的价值，推动社会不断向前发展。因此，高校需要加强对学生创新创业能力的培养，建设创新创业课程。

一方面，高校可以将创新创业教育融入通识课程教育之中，不断培养学生的创新能力。另一方面，可以举办各种竞赛，如创新创业大赛、科技大赛等。当然，高校也可以将学生科技社团的活动增加到实践课程体系之中，吸引更多的学生参与，弥补传统课堂的不足。

5. 注重教材内容创新

高校在对课程体系进行改革和创新时，应需要注意教材内容的创新。在教材选择方面，需要选用那些结合专业基础理论和企业案例分析的教材，这些教材中往往包含实际生产中的经验和教训，可以很好地指导学生，帮助学生快速掌握在实际生产活动中解决问题的方法。

高校可以采取一定措施，积极鼓励高校教师与相关企业的工程技术人员进行合作，共同编写教材和实验指导书；也可以鼓励高校教师到相关企业进行实地考察、请教工作人员，从而编写出更加具有指导作用的教材。同时，高校要以教材内容改革为重点，以实践课程为主线，注意保证教材内容的时效性。

5.4 建设应用型本科课程体系的对策

在构建应用型本科课程体系时，地方本科高校难免会遇到各种各样的问题，包括高校习惯以学科体系构建课程，强调专业知识的系统性和完整性，导致课程和实际的工作之间缺少联系；过于重视理论教学，忽视实践课程在培养应用型创新人才中的重要性，专业理论课程占据了学生的大部分课程时间；理论课程多是学科知识的堆积，缺少人文关怀；课程多是以高校教师为主体，没有体现出以学生为本；理论课程和实践课程相互脱离等问题。

因此，地方本科高校需要构建新的课程体系，即应用型本科课程体系。高校可以采取以下措施和对策，加快应用型本科课程体系的构建（见图5-8）。

图 5-8　建设应用型本科课程体系对策

5.4.1　更新课程体系理论和结构

地方本科高校在构建应用型本科课程体系时不够积极，归根到底是因为认知不到位，没有从根本上理解创新课程体系的重要性。

地方本科高校培养人才的目标是应用型创新人才，其课程体系应围绕同样的目标进行构建，要充分认识到自身和高职高专院校的区别和联系，认识到自身和研究型大学的差别和联系，打破传统的本科高校培养人才的课程体系，从根本上进行改革。

高校需要整合教学内容，对课程进行重新设置，对理论课程和实践课程的比例和深广度进行调整和优化，构建以理论课程体系、实践课程体系和创新教育课程体系为基本的主体框架。

在课程结构方面，高校需要根据课程类型的不同，构建"平台＋模块"的宏观课程体系，对其进行重新规划和组织，使课程结构更加科学合理。其中，根据课程平台的不同，可以有选择性地对学生进行培养。例如，公共基础平台中涵盖了所有的一级学科课程，可以面向全体学生，提高其基本素质和能力；学科基础平台中包含各个学科的基础课程，可以面向高年级学生，即面向各专业分流的学生。模块课程是指将有所联系的某种类型或功能的若干门课程进行结合，组成模块课程，这种方式可以有效培养学生的综合素质和能力，使学生快速掌握某一领域内的知识和技能。

5.4.2　协调和优化通识课程建设

我国高校的课程体系中包含很多基本课程，如通识课程、专业课程等，地方本科高校需要对这些课程的比例进行调整和优化，使之更加科学合理。

通识课程具有促进学生基本素质全面发展的作用和功能，以追求知识本身的价值为目标，在教育内容上，更加强调知识的全面性和普遍性，其重点在于培养学生适应社会的基本能力。

目前，我国很多高校的通识教育是以专业教育为导向的，这样的导向会使得通识课程具有一定的功利性，而且在通识课程中，其包含的内容较少（如思想政治课程、计算机技能等）并不全面，不能实现学生基本素质的全面发展，即尚未实现真正意义上的通识教育。因此，高校应该协调通识课程的比例，丰富其内涵，可以采取以下措施。

① 拓展通识课程的教育内容，扩大其学科范围。通识课程的主要目的是促进学生的全面发展，因此其课程内容应该尽量丰富，给予学生更多方面的知识，除了政治、外语、计算机等学科，还应覆盖历史文化、文学艺术、人文社科、工程技术等其他学科和门类。当然，在增设这些学科内容的基础上，应该合理设定各学科内容在通识课程中的比例，避免过度追求学科的全面，导致通识教育缺乏重点，反而顾

此失彼。高校可以对这些学科内容进行分类，分为选修和必修，并对其进行科学的学分比例的设置。这样既可以丰富通识类知识的内容，又可以给予学生不同的选择性，使其根据自身的兴趣爱好进行选择，增加通识教育的弹性，不断拓宽学生的知识结构，使得学生具有扎实的文化基础。

② 加强对隐性课程的建设。在通识教育中，隐性课程虽然并没有纳入课程计划中，但十分重要，包括高校的物质文化、精神文化、历史文化等，可以在潜移默化中增强学生的基本素质的培养。因此，高校需要加强对通识教育中的隐性课程的建设，可以通过高校教师的言传身教，培养学生的基本素质，还可以通过组织各种讲座、课外阅读、社团活动等有意义的活动，在活动中不断开阔学生的视野，陶冶学生的情操，促进学生全面发展。

总之，高校在建设应用型本科课程体系时，需要加强对学生基础的培养，调整并优化通识课程的比例，丰富其内涵，这样才能使学生打下坚实的基础，为后续的发展提供保障。

5.4.3　加强实践课程体系建设

要想培养应用型创新人才，就需要加强在实践方面的建设，即加强实践课程体系建设。例如，在校园内部，高校可以建设实验、实训课程和实践技能课程等；在校园外部，高校可以建设校外基地实习、素质拓展训练等，构建出类型多样、层次丰富的实践课程，提高学生实践应用能力，使之可以将课堂上学到的理论知识灵活应用，以解决实际生产中的问题。在建设实践课程体系时，可以采取相应的措施，使该体系更加科学、完整。

① 对地方社会对专业人才的需求进行调研，充分了解地方行业对人才实践能力的要求，并在此基础上，对课堂内的实践教学课程进行改革和创新，对实践内容进行调整，确定基础实验和专业实验的模块，使之符合地方行业对人才实践能力的要求。

② 验证性实验侧重于验证，更多是对理论知识和思想观点的验证，缺乏创新，这类实验可以很好地培养学生的实验基本操作能力；综合性实验其重点在于考核学生的综合能力；设计性实验侧重于解决问题的思路和方法，这类实验可以培养学生的创新能力和实践应用能力。这三类实验都可以不断提升学生的实践操作能力，因此高校需要对这些实验进行调整和优化，对其比例进行协同，增加设计性实验和综合性实验在实践课程体系中的比例，培养学生的创新能力和动手操作能力，真正做到学以致用。

③ 在校外实践方面，学生在实习基地的实践课程很有必要，可以让学生较为真实地感受到职场的工作和生活环境，对未来所从事的专业工作有所了解，加强学生的专业认同感。因此，高校需要采取一定措施加强校外实践课程建设，如可以和企业加强合作，邀请企业相关工作人员为学生授课，传授专业技能和知识。

在实践教学的方式上，高校应改变传统的课堂式教学，不能照本宣科，要注意对学生进行启发、引导和激励，培养学生分析问题和解决问题的能力，引导学生进行自主探索和研究。

综合来看，在建设应用型本科课程体系时，高校需要重视实践课程体系，并不断丰富其中的内容和形式，构建系统化、层次化和规范化的实践教学课程，培养学生的实践操作能力和创新能力。

5.4.4　加强课程体系教材建设

教材是知识的载体，高校教师可以通过教材传授给学生各种各样的知识。因此无论是通识课程、专业理论课程，还是实践课程，都离不开教材，教材是构建应用型课程体系的基础。

随着时代的发展，有些教材中的内容并不适合当代的情况，教材需要与时俱进，尤其是专业实践课程的教材，需要考虑到行业对人才的需求进行创新。因此，高校可以采取一定措施，对课程教材进行创新。

① 立足于学生的全面发展，在符合学生认知能力的基础上，对现有的教材进行改革，可以请教相关领域的专家，对教材内容进行研读，保证教材的科学合理性。

② 不同类型的课程采用的教材是不相同的，其内容更是千差万别，为了更好地对教材进行创新，高校可以构建多级教材群，并成立相关的教材编研小组进行研究。例如，在一级学科的层面上建设通识课程教材，并成立相关的教材研究小组，保证通识教材的合理性；在二级学科的层面上建设学科基础课程教材，可以邀请相关学科的专家进行合作编研，保证其教材的准确性和先进性；在三级学科的层面上建设实践课程教材和专业理论教材，可以邀请地方行业的相关工作人员进行编写等，保证教材的实用性和适用性。

③ 加强教材内容的广度和深度建设。首先，对于学生来说，教材不能晦涩难懂，但知识内容也不能过于单一，这样会限制学生的思维，因此高校要拓宽其知识的广度和深度，尤其是专业理论教材，要注意将知识和技能相互融合、相互贯通。其次，建设课程体系的目的是培养人才、为地方社会服务，因此其教材的内容需要紧跟地方经济发展的动态，可以增加相关企业的新知识和新技术。

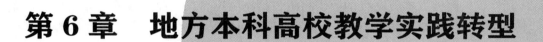

第6章　地方本科高校教学实践转型

在学科、专业和课程完成相应的转型之后，接下来就需要对实践教学进行转型了。

本章主要介绍了地方本科高校的教学现状和问题，对加强高校的实践教学进行讨论，并介绍了构建实践教学体系的原则，同时给出了提高实践教学质量的对策。

6.1 地方本科高校教学进展

截至 2020 年，全国高等教育在学规模达到 4183 万人，高等教育毛入学率 54.4%，全国共有普通高校 2738 所，其中，本科院校 1270 所（含本科层次职业学校 21 所）。[①] 而地方本科高校的数据将近占据本科院校的一半，说明这是一个不可忽视的群体，在高等教育体系中占据重要的地位。

从上述数据，可以看到我国高等教育正在不断向前发展，其数量有了很大的提升。那么，高等教育的教学现状又如何呢？本章将介绍地方本科高校教学的进展。

地方本科高校分布于我国各个区域之中，为地方社会培养并输送了大量的人才，做出了不小的贡献。随着时代的发展，地方本科高校获得了更好的发展机遇，他们的现状如何呢，是否获得了社会公众的广泛认可和支持呢，在教学方面，其进展如下（见图 6-1）。

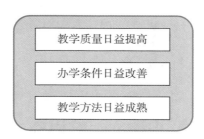

图 6-1 地方本科高校教学的进展

---

① 庞春敏，张伟民，劳汉生.基于"盖茨比标准"的生涯教育改革——英国新一轮生涯教育改革与启示 [J].外国中小学教育，2018(10)：35-44.

6.1.1　地方本科高校教学质量日益提高

尽管我国高等教育正在向大众化发展，但我国中央部委直属高校数量有限，不可能照顾到每一个角落和人群。地方本科高校是人民群众接受高等教育的重要力量，关乎着我国高等教育的整体发展和质量，而且在促进地方经济发展、提高国民素质等方面发挥着不可替代的作用。

据统计，我国新建本科院校分布在全国将近 200 个城市中，布点率超过 50%。通过这些数据我们可以看到，地方本科高校正在迅速崛起，占据着我国高等教育的大半壁江山，而且其培养的学生，在就业率、社会满意度和教学质量方面也有所改善，逐渐获得了社会公众和社会行业的普遍认可。

近年来，我国高校毕业生的就业率日益严峻，地方本科高校的毕业率可以保持相对稳定。通过对全国新建的地方本科院校调研发现，地方本科高校的就业率近年来都稳定在 90% 左右，学生对地方本科高校的满意度也在逐渐上升，超过 80% 的学生表示，对新建本科院校的教育质量感到满意。同时，用人单位对地方本科高校的满意度也在不断上升，其满意度超过 90%，用人单位普遍认为，地方本科高校的毕业生具有良好的思想政治素质和较强的动手实践能力，具备扎实的基础，可以解决在生产实际中的问题。

总之，通过以上种种数据和现象表明，地方本科高校的教学质量正在被社会公众广泛认可，其社会地位正在逐渐上升，地方本科高校的发展未来可期！

6.1.2　地方本科高校办学条件日益改善

与一流大学相比，地方本科高校在科研实力、办学资源和办学条件等方面都有所欠缺，这是制约地方本科高校进一步发展的因素之一。

为了对高等学校的教学质量进行有效评估，教育教学评估中心考虑到高校的办学特色、发展阶段等有所差异，因而实施分类的院校评估。对于地方本科高校而言，其标准和指标与其他类型的高校有所不同，地方性的办学特色、服务地方社会的能力、培养应用型人才等因素是评估其教学质量的指标。通过对地方本科高校的教学质量、办学条件、保障体系等的考察，可以促进地方本科高校厘清自身的办学思路、改善办学条件，并规范教学管理，以促进高校教学质量的提高。这些评估工作不仅有效推动了地方本科高校转型发展，引导其转型发展的方式，并明确了地方本科高校的转型方向，即向应用型、地方性高校发展。

同时，随着国家对地方本科高校的重视，地方政府也日益重视地方本科高校的发展，加大对地方本科高校的资金投入力度，并出台了一系列支持地方本科高校发展的政策。根据相关数据，2011-2014 年，新建本科院校的教学经费投入日渐增长，其机制也日趋成熟，学生的教学日常运行支出平均可以达到 2000元左右，学生的教学科研设备平均可以达到 7000 元左右，学生教学行政用房面积超过 14 平方米。在教学日常运行经费支出方面，其总支出占到高校总收入的一半还多[1]。从这些数据我们可以看到，地方本科高校的教育经费在逐渐增多，其办学条件在逐渐改善。

总之，随着国家政策的支持、评估政策的建立，地方本科高校的办学条件在日益改善，其发展呈现蒸蒸日上的趋势。

6.1.3 地方本科高校教学方法日益成熟

过去，人们只要提起地方本科高校，总会嗤之以鼻，认为地方本科高校不堪大雅之堂，其教育质量、教学方法和办学条件都和一流大学无法相比，尤其是教学方法上，认为高校教师只是"上上课"，没有方法让学生掌握真正的知识和能力。

实际上，随着时代的不断发展，地方本科高校有了很大的变化，其教学方法更是日趋成熟，出现了多种培育人才的教学方法，并取得了一定成效。地方本科高校对自身的办学定位日渐清晰，并尝试着在特色办学的道路上发展；依托地方政府、地方企业和科研机构等大力开展产学研合作，并对教学方法进行改革和创新，改变过去"满堂灌"的教学方法，而是开始探索团队式学习、启发式学习、项目伴随教学等教学方法，其教学方法日趋成熟；通过实验、实习和实训等实践活动，不断培养学生的动手实践能力。

同时，地方本科高校也在逐渐构建集教学、生产、技术、科研为一体的实践教学体系，努力建设实验室等基本设施，将实践教学的内容逐渐延伸到课堂，帮助学生掌握动手实践能力和相关的理论知识。根据相关数据，2011-2014 年地方本科高校基础实验室承担实验教学校均 15 万左右人次，专业实验室校均 16 万左右人次，实训场所的数量校均 3 万左右人次[2]。

[1] 教育部高等教育教学评估中心.全国新建本科院校教学质量监测报告 2014 版 [M] 北京：教育出版社，2016:51-52.
[2] 教育部高等教育教学评估中心.全国新建本科院校教学质量监测报告 2014 版 [M] 北京：教育出版社，2016:61-63.

纵观地方本科高校近年来的发展，我们可以看到，地方本科高校通过采取种种措施，不断改善教学条件，改革教学方法，其教学质量日益提高，在我国高等教育中发挥越来越重要的作用，有着非常巨大的贡献。

6.2　建设和加强地方本科高校实践教学

应用型创新人才的核心在于运用专业知识和技能解决实际工作中的问题，要求学生具备较为深厚的专业知识，并可以在现实生活中灵活应用专业知识，而实践教学则是培养学生实践能力的核心和主要力量。

本节将介绍实践教学的含义和形式，并提出加强建设实践教学的思路。

6.2.1　实践教学的含义和形式

在生活中，我们时常听到实践教学这个名词，与理论教学不同，实践教学更加注重实践，强调在实践中掌握知识和技能。那么，实践教学究竟是什么意思呢？都包括哪些形式呢？

1. 实践教学的含义

实践教学是理论教学的延伸和拓展，趋向于直接经验的学习，是指可以启发并训练学生动手和动脑的一切教学活动，包括理论教学和实践教学，可以帮助学生认识世界、改造世界，具有主体性、实践性、应用性和创新性的特点。

2. 实践教学的形式

实践教学是指结合了理论知识和实践过程的教学形式，可以使学生快速掌握实践应用技能和技巧，有效提高学生的实践创新能力。地方本科高校需要加大实践教学的建设力度，尤其是增加实践教学的课时，并将实践课程的课时和理论知识的课时的比例进行优化和调整，建立相关的实践教学保障和监督机制。实践教学课程的形式包括课程实验教学、专业实践教学、社会实践教学（见图 6-2）。

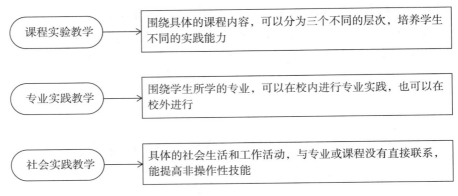

图 6-2　实践教学的形式

课程实验教学：围绕具体的课程内容，设立实验项目，并在高校教师的具体指导下进行的实践教学活动。根据模仿练习、命题作业和自由创作三个不同的层次，其课程实验可以分为验证性实验、研究性实验、创新性实验，通过不同的课程实验类型，可以培养学生不同的实践能力。

专业实践教学：围绕专业进行的实践教学活动。通过专业实践，学生可以在实践中应用自己掌握的理论知识，加深对理论知识的理解和应用，同时提升自身的动手操作能力和解决专业问题的能力，该实践既可以在校内进行，也可以在校外进行。

社会实践教学：学生直接参与具体的社会生活和工作的实践教学活动，包括社会调查、社会实习、参加志愿活动等，这些活动可能和学生专业和课程没有联系，却必不可少。这是常见的实践教学形式，通常在校外进行。通过社会实践活动，学生可以锻炼自己与人交往的能力、协调合作能力等，提高自身的非操作性技能，为将来的职业生活打下良好的基础。

6.2.2　加强实践教学必要性和意义

实践教学在地方本科高校培养应用型创新人才方面发挥着重要的作用，可以有效提高学生的专业技能，促进学生综合能力的发展，是地方本科高校转型发展的必经之路。

1. 实践教学是地方本科高校转型发展的要求

现阶段，地方本科高校面临转型发展的重大任务，需要明确自身的办学定位，转变人才培养目标。可以说，地方高校转型发展采取的一系列措施都是围绕这两点进行的。

地方本科高校需要培养应用型创新人才，应以这一目标为核心进行改革和创新，尤其是加强实践教学，这是地方本科高校转型发展的必经之路。通过建设实践教学体系，学生可以获得相关专业的知识和技能，并实现全面发展，更快地适应社会对工作岗位的要求，而高校也可以为区域内的行业或企业输送源源不断的应用型创新人才，这同时是地方社会发展的必然趋势。

2. 实践教学是学生掌握专业技能的要求

"纸上得来终觉浅"，高校学生如果仅仅依靠理论课堂教学，也许可以获得较为科学、系统的理论知识，但不参与实践，很难真正掌握专业技能。

实践教学的内容通常以任务目标的形式呈现，在这个过程中，需要学生积极动手、动脑参与，需要利用专业的理论知识和专业的技能，充分锻炼学生的综合能力。同时，进行实践教学可以使学生提前接触与自己专业相关的真实案例，提前感受相关职位对专业技能的要求和职场工作的环境，可以有效帮助学生掌握专业技能，提高专业技能水平。

3. 实践教学是学生提高创新能力的要求

实践教学中设置了很多实践环节，这些实践环节可以帮助学生重新认识世界，找到自我的价值。例如，学生可以在社会实践中不断挑战和提升自己。在社会实践中，学生开始走出校门，走进社会，在面对那些新的、实际的问题时，没有明确的理论和固定的操作技巧，需要学生自己想法去解决问题。在这一实践过程中，学生获得了发挥自主性的空间，会不断产生新的观点和想法，这是学生认识世界的开端，亦是学生改造世界、追寻意义的开始，可以提高学生的创新能力，具有启发意义。

6.2.3　建设实践教学的思路和原则

实践教学在高校教育中发挥着不可替代的作用，更是地方本科高校实现转型发展、培养应用型创新人才的重要途径。通过实践教学，可以引导学生探究世界，提高专业技能水平和综合创新能力。不仅如此，通过实践教学还可以加强学生对自身专业和职业的认知，初步形成职业品质。

1. 高校建设实践教学的思路

在实践教学中，不仅要提高学生的动手操作能力，还要引导学生在实践体验中思考和反思，不断提高学生的实践能力和创新能力，可以根据以下思路建设实践教学（见图6-3）。

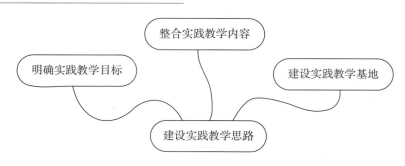

图6-3　地方本科高校建设实践教学思路

（1）明确实践教学目标

教学目标是进行教学工作的出发点和落脚点，其决定着教学的内容、组织形式和方向。在建设实践教学时，其目标应该与职业岗位对人才的要求一致，不仅要具有针对性，还要具有适应性。

随着经济的发展，社会产业结构有所调整，工种越来越复杂，岗位对人才的综合能力要求越来越高，企业更加关注员工的学习能力、创新能力、应用能力等职业能力。因此，地方本科高校需要跟上时代的步伐，做好调研工作，明确人才能力培养的目标，在此基础上，制定科学的实践教学课程和教学方法。

首先，在制定实践教学目标时，需要和企业或行业进行密切联系，邀请行业专家、技术人员参与制定，为专业课教师提供相关建议和意见。

其次，高校应及时把握人才市场对人才类型和人才技能的需求，然后结合实践教学目标，从职业岗位要求的理论知识和技术技能出发，建设实践教学体系。

最后，高校学生所处的水平、能力都不相同，高校在职业调查和岗位分析的基础上，需要分类、分层制定教学目标，确保学生可以得到科学、合理的实践教学训练。

（2）整合实践教学内容

随着科学技术和生产工艺的不断进步，高校如果还遵循之前的模式和实践教学内容，没有及时更新教学内容，融入最新的知识和技术，使学生很难具有实用性的知识和技能。

因此，地方本科高校在进行实践教学建设时，需要对实践教学的内容进行科学调整，体现出知识的综合性和实用性特征，对其专业岗位要具有针对性，可以采取以下思路。

① 明确实践教学大纲。一般来说，实践教学的内容都是根据实践教学大纲开展的，因此制定实践教学大纲十分关键和重要。实践教学大纲规定了实践教学环节的

目的、要求、实践安排、教学形式和手段等，在进行实践教学建设时，高校需要考虑到课程内容的优化和配合，来明确实践教学大纲。

②　在整合实践教学内容时，并不是从教材中收取部分知识和技能，而是需要教师进行认真选择和创新，整合为具有挑战性和创新性的综合性实践任务，可以使学生充分发挥出自身的潜力和实践技能。

③　在呈现实践教学内容时，注重学生对实践内容的参与感和体验，不再是按照学科知识的逻辑，按照事实性知识和程序性知识进行整合和排列，而是集中呈现事实性知识，不断培养学生的动手操作能力和创新能力。

（3）建设实践教学基地

学生在进行实践教学训练时，必须有合适的场所和基本的设备，这样才能保障实践活动的顺利展开。因此，地方本科高校需要加强对实训实习基地的建设，改善实践教学的条件，如建立区域和行业内的科技服务基地和技术创新基地等。

首先，高校需要和社会力量进行积极合作。例如，可以和当地政府或当地企业合作，通过协调创新的方式，和高水平大学或科研机构进行合作，加强对产业技术的开发利用，促进科研技术的应用和创新，打通先进技术转移、应用和扩散的路径，推动地方社会经济的发展。

其次，高校需要加大对实践教学的投资力度，提供资金支持。例如，高校应该加强实验室的建设、装备实践教学软件系统等，为学生提供基础的实践设施、良好的实践条件、优秀的高校教师等。高校该如何获取充足的资金，除去地方政府的支持之外，高校也可以和企业进行合作，获得相应的资金支持。

2. 高校建设实践教学的原则

地方本科高校在进行实践教学建设时，需要遵守以下原则，以保证实践教学目标的顺利完成。

（1）遵守地方经济社会发展的规律

高校建设实践教学的目的是培养学生的实践能力和创新能力，提高学生的择业能力。地方本科高校是面向地方社会的，需要为区域内的行业和企业输送相关的优秀人才。

因此，在建设实践性教学时，高校要遵守地方社会经济发展的规律和要求，然后有针对性地改革和创新实践教学的内容，满足区域经济发展对不同类型的人才的需求，培养学生的实践能力和职位基本素养，使之符合地方产业发展和结构调整的规律。

（2）开发利用实践教学资源

建设实践教学，其关键在于教学资源的开发和利用，建立起相关的实践教学体系。在充分了解和掌握高校的办学目标和实际情况的基础上，高校需要利用高校周边的环境、条件以及自身拥有的资源，将理论教学和实践教学进行结合，促进学生实践能力的提高，实现全面发展。

在整合利用相关教育资源时，高校需要对实践课程、实践教学条件和实践基地等进行重点建设，保障实践教学的顺利开展。

（3）遵守高校人才培养的目标和特色

地方本科高校在转型发展时，其人才培养的目标是应用型创新人才。高校无论进行哪方面的工作，都应围绕人才培养目标进行建设，表现出地方本科高校的特色。

地方本科高校在建设实践教学时，应始终明确自身的人才培养目标，并以该目标为导向，加强实践教学在应用性、创新型方面的建设，坚持服务地方、服务市场的发展策略，建设具有特色的实践教学体系。

6.3　构建地方本科高校实践教学体系

实践教学体系和专业课程体系关系十分密切，既可以训练培养学生的专业技能，同时和理论课程教学保持同步，具有科学性、有机性以及和谐性的特征，是地方本科高校转型发展不可或缺的关键。

该如何构建实践教学体系，这是地方本科高校转型发展面临的任务之一，是提高学生实践能力的关键。本节将简单介绍实践教学体系的含义和特征及构建原则。

6.3.1　实践教学体系的含义和特征

高校培养学生的实践能力，这里的实践能力的内涵很丰富，涉及多种能力，如专业综合能力、创新能力、专业基础能力等。因此，在构建实践教学体系时，需要充分考虑到这一点，进行多样性和层次性的设计。

1. 实践教学体系的含义

从狭义的角度来看，实践教学体系是指实践教学内容体系，是指对实践教学的具体规划，以专业人才培养目标为核心，根据教学计划，对课程设置进行科学规划，并和实践教学环节（如课程实验、实训、社会实践等）相互协作，建立起实践特征较为显著的教学内容体系。

从广义的角度来看，实践教学体系除了实践教学内容体系之外，还需要实践教学目标、实践教学管理和实践教学保障等子体系为其"保驾护航"，即广义的实践教学体系是一个有机联系的整体，包括四个子体系等构成要素，笔者将从广义的实践教学体系进行讲解。

2. 实践教学体系的构成

实践教学体系统可以分为四个子系统，每个子系统之间负责不同的功能，具有各自的作用，且包含不同的内容。

（1）实践教学目标体系

实践教学目标体系是实践教学应达到的标准，其在各专业的人才培养目标、人才培养规格的基础上，对实践教学环节和教学目标进行明确规定，是实践教学体系的核心，起到推动其他实践教学子体系发展的作用。

实践教学目标具体包括基本素质能力目标、专业基础能力目标、专业岗位能力目标以及创新能力目标等。

（2）实践教学内容体系

实践教学内容体系是对教学目标任务的具体化，该子体系可以按照不同的目标任务构建不同的培养模块，以培养学生不同的能力，如基本素质能力培养模块、专业岗位综合能力培养模块等。

通过实践教学内容体系，将实践教学目标和任务落实到每个实践教学环节，从而提高学生的实践能力（见图6-4），是实践教学体系的主要建设部分。

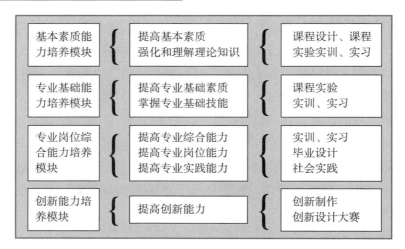

图 6-4 实践教学内容体系构成

（3）实践教学管理体系

与理论教学相比，实践教学需要的基础设备较大、场所差异较多，其教学过程更加复杂，因此调控难度比较大。为了更好地建设实践教学体系，需要建立相关的实践教学体系对这些设备、场所等进行管理。

实践教学管理体系是实践教学体系必不可少的子体系，包括管理机构和人员、管理的规章制度和手段以及教学实践的评价体系等。其中，可以将管理机构、管理人员和被管理设备等归为管理硬件，而实验和实训的管理制度、相关的评价制度和评价指标体系等归为管理软件，通过"软""硬"结合的方式，建立科学完善的实践教学管理体系，保证并提高实践教学的质量。

（4）实践教学保障体系

实践教学保障体系是保障实践教学顺利开展的前提和基础，可以分为以下三个部分。这三个部分相辅相成，共同建立起完善的实践教学保障体系（见图 6-5）。

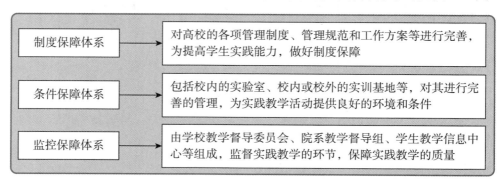

图 6-5 实践教学保障体系

3. 实践教学体系的特征

实践教学和理论教学看似对立，实际上二者并不矛盾，实践教学体系包含专业理论知识的应用。实践教学体系具有以下特征。

（1）科学性

在实践教学体系中，包含着诸多内容，如实践课程设置、实践技能训练方案等。这些内容并不是随意设置的，而是需要通过科学论证进行设置，使课程技能训练和专业技能训练可以统一，进而形成有机的整体，体现其科学性的特点。

（2）有机性

实践教学体系是基于专业课程体系建设的，其课程技能训练和专业技能训练的联系十分紧密，因此在构建实践教学体系时，需要对这二者进行组织和协调，使之成为系统的、相互关系的整体，体现其有机性的特点。

（3）和谐性

和谐性主要体现在课程的必备理论知识和专业技能这二者的和谐发展。在构建实践教学体系时，需要将课程的理论知识和专业技能进行和谐统一，协调二者的比例。

6.3.2　构建实践教学体系原则

实践教学体系，从字面上来理解，就是将实践和教学进行有机结合形成体系；而体系需要各个实践环节进行有机结合，要遵循高等教育发展规律和人才成长的规律，并遵守以下原则（见图 6-6）。

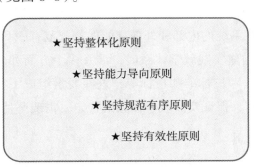

★坚持整体化原则

★坚持能力导向原则

★坚持规范有序原则

★坚持有效性原则

图 6-6　构建实践教学体系原则

1. 坚持整体化原则

实践教学可以有效提高学生实践应用的能力，促进学生全面发展，其设计需要从整体出发，对实践教学进行统筹规划，使之具有系统性、整体性的特点，可以从以下方面进行。

① 对实践教学的目标体系、内容体系、保障体系和管理体系等子体系进行协调和优化，发挥其各自的功能和作用，最终形成系统、有机的整体。

② 注意和理论体系进行联系和配合。单独的实践教学或理论教学，都不足以发挥出教学的优势，因此高校需要将理论教学和实践教学进行联系，将实践教学体系和人才培养目标相结合，使学生在实践中感受理论，在理论中增强实践，这样可以避免形式化地设置实践教学体系。

整体化原则是构建实践教学体系的基本原则，必须在整体的基础上对实践教学体系进行规划，才能使之更加科学合理。

2. 坚持能力导向原则

能力导向原则是指在高校建设实践教学体系时，需要将其与核心能力对应起来，即将职业岗位需要掌握的技能融入实践教学体系之中，培养学生专业技能和岗位能力，使学生可以更加切合岗位的需要。

地方本科高校具有为地方服务的职能，在构建实践教学体系时应与地方行业和企业进行沟通交流，明确其实践教学体系的目标，即突出专业技能和职业素养。因此，地方本科高校在构建实践教学体系时，应坚持以能力导向为原则，加强对学生职业能力和技能的培养，这样才能使实践教学体系发挥出真正的作用，并具备不可替代的功能。

3. 坚持规范有序原则

规范有序是指系统内部的诸多要素之间可以保持稳定有序的状态。无论是横向系统还是纵向层次，在系统的内部和外部都能保持规范有序和稳定。

地方本科高校在构建实践教学体系时，涉及多个方面和多个要素，如实践教学的时间、内容、形式、考核标准和指标等，这些要素组成了实践教学体系，为了使这些要素可以达到平衡，保证实践教学体系的稳定，需要坚持规范有序原则。

4. 坚持有效性原则

无论做什么事情，只要失去了做这件事情的时机，就属于无用功。因此，在构建实践教学体系时，需要坚持有效性原则，使该体系适用于当前时代和阶段。要做到实用性和有效性，可以从以下方面入手。

① 对实践教学体系进行有效监控。在建设实践教学体系时，就应该对其质量进行监控和把握，对其实施的全过程进行质量监控，并建立相应的质量监督机制，保

证实践教学体系的有效性和质量。

② 对实践教学体系进行有效监督和考核。随着时代的发展和高校的转型发展，实践教学体系也会发生相应的改变，某些设置或内容可能存在不适用的情况。因此，需要对实践教学体系进行监督和考核，对那些不适用的内容及时淘汰，及时更新实践教学体系的建设。

6.4　提高实践教学质量的对策

目前，地方本科高校在实践教学方面普遍存在以下问题：对实践教学的认知不到位；实践教学的内容比较陈旧、缺乏系统性；实践教学管理落后；实践教学基地建设落后等问题。为提高实践教学的质量，高校可以采取以下措施（见图6-7）。

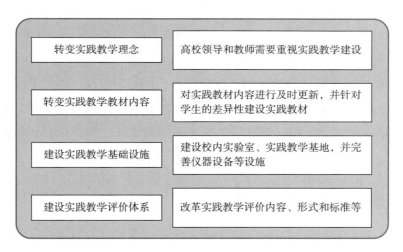

图 6-7　提高实践教学质量的对策

6.4.1　转变实践教学理念

目前，一些地方本科高校对实践教学的认知不到位，其实践课程设置没有系统性，所占的课程比例也比较小。同时，高校领导和教师对实践教学不够重视，导致无论是高校教师还是高校学生都没有从根本上认识到实践教学的重要性，无法培养出真正的应用型创新人才。

实践教学可以使高校学生在实践中理解和掌握理论知识，提高自身的动手操作能力和创新能力。因此，地方本科高校领导和教师需要转变自身对实践教学的认知，合理协调实践教学的比例，将实践教学和理论教学放到同等重要的位置，提供资金支持和各种服务。

6.4.2　转变实践教学内容

高校进行实践教学离不开实践教学，然而大多数地方本科院校并不重视对实践教学的建设，其内容大多由高校教师编写，缺乏科学性和系统性，难以有效指导实践教学。因此，地方本科高校需要加强实践教学的建设，使其更加科学规范，适应学生的个体差异。

① 高校应该关注学生知识基础的个体差异，不同的学生对某个区域和领域内的认知和经验是不同的，在其头脑中构建起来的区域意义也不尽相同。

② 高校在编写实践教学时应注意合作学习的内容。学生在开展实践活动时，如果采取合作的方式往往会取得出其不意的效果。每个学生拥有学习背景和技能并不相同，因此高校可以结合这一点，在开展实践活动时，根据教学内容进行合作学习，发挥出"1+1>2"的效果，最终获得优秀的实践成绩和成果。

③ 高校在建设实践教框架时应该创建结构化的学习环境。结构化的学习环境要求学习者具备发现问题并解决问题的能力。高校在设计实践教学的结构框架时，应该努力构建结构化学习环境，激发学生探究问题的想法，为学生提供解决问题的思路和框架。

6.4.3　建设实践教学基础设施

实践教学在地方本科高校中发展不顺利的原因之一就是缺乏经费的支持，充足的经费是进行实践教学建设的保障，因此地方本科高校需要采取一定措施，加大对实践教学经费的投入力度，对实践教学的基础设施进行建设。

首先，高校需要对基础实验室和专业实验室进行重新规划和建设。目前，很多地方本科高校并不具备完善的实验室，很多基础设备都尚未配套，并且不是对所有学生都进行开放。因此，地方本科高校需要加大实验室的建设工作，扩大实验室的开放程度。

其次，高校需要完善、更新实验室的仪器设备。部分高校的仪器设备相较落后，不足以满足学生进行实践教学的要求，导致实践教学频频失败或不能顺利进行。因此，高校需要采取一定措施，根据实验室评估的要求，对其设备进行检查，并及时更新维护，保障充足数量的仪器设备，确保仪器设备的质量达到教育部规定的标准。

最后，高校需要积极建设实践教学基地。实践教学基地是学生进行实训或实习的场所，高校需要积极探索新的模式建设实践教学基地，如和企业合作建设校外实习基地、社会实践基地等，为学生提供良好的实践环境和服务，推进实践教学的改革。同时，高校需要采取一定措施积极鼓励学生参与社会实践活动，如建设"创新学分"和"学生科研立项"等，鼓励学生进行积极实践和创新。

6.4.4　建设实践教学评价体系

实践教学评价是实践教学中不可或缺的环节，是对学生在实践活动中的综合评定，如对实践过程中的知识和技能、过程和方法等进行评定。

现阶段，实践教学的评价标准仍旧以纸质形式的实践报告为主，评价内容以基础知识测量为主。这种评价方式更加注重实践活动中的基础知识的应用，不能充分发挥学生的主观能动性，具有局限性，因此可以从以下方面进行建设和完善。

在评价内容方面，应重视对学生实践能力的测量，以能力测量为主，充分发挥学生的能动性。

① 完善其评价标准和尺度，重点评测学生在实践活动中的创新点，鼓励学生积极创新。

② 转变原来单一的终结性评价，而是结合过程和结果两个方面进行评价，构建更加适应实践教学的评价机制。

③ 总之，实践教学评价体系需要改变原来的评价方法、内容、标准等，从学生的创新性出发，评价学生在实践活动中的过程和结果，从而提高学生的创新能力。

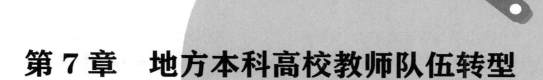

第 7 章　地方本科高校教师队伍转型

地方本科高校的转型发展是全面的，因此随着高校学科和专业、课程体系、实践教学等方面的转型，高校教师队伍的转型也变得顺理成章。

地方本科高校教师和学科专业、课程体系等方面联系十分紧密，是高等教育教学实践的主导者，要想完成培养应用型创新人才的培养，高校教师队伍的转型是十分必要的。

本章主要介绍了当前地方本科高校教师队伍的现状和存在的问题，并提出了建设"双师型"教师队伍的途径和措施。

7.1 教师队伍建设进展

目前，我国高等教育的发展蒸蒸日上，高校教师的队伍不断壮大，随着地方本科高校规模的扩张和转型发展的要求，其教师队伍的不足日益凸显，即存在教师队伍数量不足和结构不合理的问题。

2001年，我国普通高校专任教师的数量仅有61.99万人[1]，随着高校数量和规模的扩张，直至2020年，我国高校专任教师的数量为183.30万人，短短20年的时间，高校专任教师的数量增加120万人之多。目前，普通高校生师比为18.37：1，其中，本科院校17.51：1。

从上述数据中，可以看到高校教师队伍不断扩大，教师数量不断增加，这意味着高校专任教师的发展潜力巨大；但是从高校师生比的数据来看，高校教师的数量仍旧有较大的缺口，我国需要培养更多的高校专任教师来满足高等教育的需要。

与中央部属高校相比，地方本科高校的教师队伍的建设进展如何呢？有数据显示，地方本科高校师生比达到20：1。[2] 而在国际评估体系中，生师比达到14：1左右为宜。显然，地方本科高校的教师数量和质量是远远不够的。可见，地方本科高校需要采取措施来扩大自身的教师队伍。

---

① 庞春敏，张伟民，劳汉生．基于"盖茨比标准"的生涯教育改革——英国新一轮生涯教育改革与启示 [J]. 外国中小学教育，2018(10)：35-44.

② 王彦斌．粤港澳大湾区与新时代应用型高等教育 [M]. 广州：广东高等教育出版社，2019:135.

7.2　加强建设"双师型"教师队伍

在地方本科高校中,"双师型"教师队伍的建设尤为重要,这是高校实现转型发展和特色发展的根本,"双师型"教师承担着应用型创新人才培养的职责。

目前,"双师型"教师在发达国家已经具备成熟的培养、建设机制,但我国"双师型"教师队伍的建设处在探索阶段和起步阶段。无论是理论探讨还是实践运作,部分高校尚未形成成熟的认知体系和运行机制,在很多方面仍需不断提高和完善。

地方本科高校为什么会如此重视"双师型"教师队伍的建设,"双师型"教师为何会受到高校的青睐,本节对这些问题进行解答。

7.2.1　"双师型"教师的含义和要求

"双师型"教师不仅具备丰富的理论知识,还具备多项专业技能。那么,"双师型"教师的含义是什么。与一般高校教师相比,"双师型"教师又具备什么样的特征呢。

1. "双师型"教师的含义

"双师型"教师,从字面上来理解,就是具有两种以上培养学生能力的老师,强调高校教师的"一专多能"。简单来说,如果高校教师除了具备"教师"的身份之外,还具备其他学科(如工程类、财会类、司法类等)并经过正规机构认证的等级证书或专业职称,就可以说该教师属于"双师型"教师。

目前,我国学术界对"双师型"教师的含义和认定并没有统一的标准。有的人认为,"双师型"教师的认定,需要以教师获得的证书为依据,不仅需要教师资格证,还需要经过正规机构认定的专业技术登记证书。

有的人认为,"双师型"教师的认定,需要以教师具备的能力为依据,即需要高校教师不仅需要具备理论教学的能力,还需要具备实践教学的能力,可以有效指导学生进行实践。

还有的人认为,仅是凭借证书或能力都不足以认定"双师型"教师,因为仅仅是靠相关等级证书是无法证明其获得者具备实践教学能力，而实践教学能力，如果没有相关的等级证书也无法确定。因此，在认定"双师型"教师时，需要结合能力和证书。

总之，尽管我国对"双师型"教师的含义并没有明确的标准，但对"双师型"教师的能力取得了一致认同，即"双师型"教师需要具备理论教学能力和实践教学的能力。

2."双师型"教师的素养要求

与传统高校教师相比，"双师型"教师除了需要具备一般的专业素养，还需要对行业保持敏锐性，这样才能培养出应用型创新人才，"双师型"教师需要具备以下几种行业素养。

（1）教师专业素养

教师专业素养是高校对教师的综合要求，高校教师需要具备为人师表的修养和能力，可以进行理论教学，也可以指导学生的实习实训，并具备教师的职业道德，可以帮助学生塑造人格，为学生在人生发展方面答疑解惑。

（2）行业专业素养

第一，"双师型"教师需要具备丰富的行业理论知识以及较为深厚的专业素养，对某些行业或领域应当较为精通，并对本行业的历史和现状较为了解，还要对行业的前沿技术和成果有所掌握。第二，"双师型"教师需要具有较强的专业实践能力，对行业的生产工艺和操作技能有所掌握，熟悉行业的生产环节和生产知识，可以对行业提出科学有效的意见和建议。

（3）行业道德素养

企业要想获得长久发展，不仅需要遵守相关的法律法规，还需要遵守行规，即遵守和本行业相适应的道德约束，培养行业道德素养。因此，"双师型"教师不仅应当具备行业的专业素养，还需要具备行业的道德素养，进而培养学生的行业道德和社会适应能力，使学生可以很好地适应将来要从事的行业和职业生活。行业道德素养可以分为以下两类（见图7-1）。

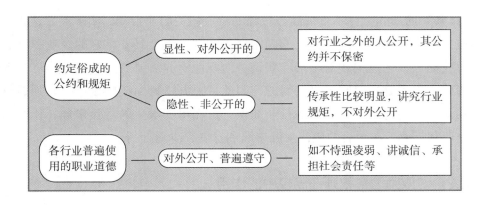

图 7-1　行业道德素养的分类

需要注意的是，随着社会的发展，公众的思想发生了很多变化，行业道德也发生了很多变化，行业或企业在追求利益最大化的目标下，很多行业道德原则被丢弃。作为高校教师，其以教书育人为目标，不仅要了解各种优秀的行业道德，还要取其精华去其糟粕，将这些优秀的行业道德内化为自身的修养，在潜移默化中不断影响学生，提高学生的行业道德素养。

（4）市场经济素养

无论什么行业或企业，都属于市场经济的一部分，如果缺少市场经济素养，是无法让企业获得进一步发展的。同样，如果高校教师缺少市场经济素养，是无法培养出适应经济社会发展的应用型创新人才的。因此，"双师型"教师应当努力学习市场经济的知识，使自身具备优秀的市场经济素养。

市场经济素养的知识比较复杂，要想更好地掌握市场经济素养，可以把握以下几点。

首先，明确市场意识。在市场经济的背景下，企业或行业要想进一步发展，就必须具备市场意识，包括依法经营意识、错位发展意识和合作共赢意识等。其中，依法经营意识是指企业需要遵守相关的法律法规，保证市场的正常运转；错位发展意识是指企业应找到市场空当形成竞争优势，而不是跟在别的企业后面发展；合作共赢意识是指企业应当学会和其他企业合作，达到扬长避短、互利互惠的目的。

其次，具备资源配置和市场营销能力。前者是指企业对资源的聚集和分配能力，使各个资源可以得到充分利用，实现资源的优化配置；后者是指通过市场营销卖出产品的能力，这是市场经济素养的重要内涵。

从整体上来说，地方本科高校对"双师型"教师的认定标准被简化为"老师"+"技师"的形式，并不重视高校教师的行业相关职业素养。实际上，这并不利于培养应用型创新人才，因为真正的应用型创新人才必然具备良好的企业和行业素养。职业技能可以通过实践教学培养获得，而职业素养需要身临其境的磨炼、潜移默化的影响，并不是短时间可以获得的。因此，地方本科高校应该重视教师的行业素养，在课堂上传达给学生相关的行业知识，进而培养学生的行业素养，让学生快速适应企业和行业，在今后的职业生涯中顺利发展，少遇挫折。

7.2.2 "双师型"教师在高校中的作用

"双师型"教师是地方本科高校生存和发展的命脉，其数量和质量决定着地方本科高校的办学质量和转型发展的成败。"双师型"教师的作用体现在以下三个方面。

1. 培养应用型创新人才的需要

对于地方本科高校而言，人才培养目标是否能完成顺利转型，最终将取决于"双师型"教师队伍建设。

首先，培养应用型创新人才的先决条件是"双师型"教师。之所以这么说，是因为高校教师是培养学生的主导力量，无论是理论知识还是实践技能，都需要通过高校教师传授给学生，其他任何方式都无法取代高校教师的作用。因此，只有具备实践应用能力的教师才可以培养出应用型创新人才，使其具备实践能力和技能，高校必须建设"双师型"教师队伍。

其次，应用型创新人才的质量和"双师型"教师队伍的素质息息相关，社会需要的是"有本事"的应用型人才，即高素质的应用型创新人才。如何提升人才的素质呢？高素质人才的培养离不开高素质的"双师型"教师，如果高校教师具有广泛的专业知识和实践应用能力，无疑会培养出同样素质的学生，可以更加适应当前社会的需求。因此，地方本科高校需要加强"双师型"教师队伍的建设。

总之，培养"双师型"教师队伍是不可避免的趋势，这是培养应用型创新人才的需要。

2. 服务地方经济社会发展的需要

地方本科高校在转型发展时，需要服务地方经济发展和文化建设，更多体现在专业技术和专业能力的服务方面，而不是抽象的理论和学术服务，这意味着高校需要为地方经济社会发展提供科研成果和专业人才，主要体现在以下三个方面。

（1）服务产业建设需要"双师型"教师

地方经济社会发展的基础是产业建设，产业建设要想获得进一步发展，不仅需要地方政府的政策支持和财力支持，还需要地方本科高校给予其人才支持和技术支持，如改善生产工艺、解决技术难题等，这同时是高校和地方产业建设的服务对接点。地方本科高校要想为产业建设提供技术服务，就需要"双师型"教师的指导和帮助，而纯学术型的教师就难以发挥这种作用，无法在具体的技术服务中提出有效的意见和建议。

（2）地方经济发展需要"双师型"教师

地方政府在进行区域经济和社会事业工作时，往往需要听取多方的意见和建议，从多个角度进行论证。在这个过程中，地方本科高校有独特的人才优势和专业优势，发挥着不可替代的作用。

"双师型"教师具有开阔的专业视野，不局限于地方的经济发展，可以跳出地方看待地方发展，在发展思路和措施方面提出有价值的建议。例如，在社会综合管理、城镇规划布局、城乡统筹发展方面，"双师型"教师具有专业的理论知识和实践应用能力，高校可以建立"智库"为地方经济发展提供服务。

（3）文化建设需要"双师型"教师

地方文化建设与地方经济建设同样重要，其逐渐被提上重要议事日程。一般而言，地方本科高校所在的地域内，会有很多有特色的传统文化和地方文化。在地方政府中，对文化进行整理和开发利用的专业人士有限，无法更好地进行地方文化建设，因此迫切需要地方本科高校和"双师型"教师的积极参与，需要"双师型"教师丰厚的专业理论知识，对地方文化进行挖掘整理。

同时，地方本科高校可以通过参与地方文化建设，发挥自身服务地方的作用，保护并传承文化，实现自身的办学特色，提高自身的知名度，对特色学科和专业建设也有莫大的益处。

3. 地方本科高校特色发展的需要

地方本科高校无论是想要建设世界一流的学科，还是想要建设世界一流的高校，都必须先建设好一流的"双师型"教师队伍，这是地方本科高校实现特色发展的需要。

由于自身科研实力的限制，地方本科高校如果想要建设一流的学科，其切入点只能是"应用"，而不是"理论"。因此，地方本科高校需要贴近地方，结合当地经济社会发展和文化建设，活跃在生产第一线，不断进行探索和创新，将自身的科研成果进行转化，才有可能形成"一枝独秀"的学科和专业优势，从而建设世界一流的应用型学科和专业。

除此之外，地方本科高校还可以在"特色"方面做文章，依旧需要和地方社会进行紧密融合，坚持为地方经济社会发展服务，结合区域文化和经济的独特性，从而创造出特色学科和专业，形成高校自身的办学特色。

地方本科高校无论是在"应用"还是"特色"方面进行融合建设，都离不开"双师型"教师队伍，只有"双师型"教师队伍更加强大，其素质、能力都很高，才能使校地合作更加紧密，实现高校的特色发展。

7.2.3 培训和引进"双师型"教师

建设"双师型"教师队伍有两种方式，一是地方本科高校引进"双师型"教师，二是通过系统培训使高校原有的教师掌握多门专业实用技能。

1. 培训"双师型"教师

地方本科高校应该以培训为主，通过培训不断培养出"双师型"教师，可以从以下方面进行。

（1）建设高校教师实践基地

无论是什么专业的技能，都需要在实践中掌握，对于高校教师而言，掌握实践技能亦需要进行实践操作。地方本科高校都具备相对稳定的校外教师实践培训基地，可以和相关合作单位签订协议，共同建设教师实践培训基地，提升高校教师的实践能力。例如，高校可以选派教师到该实践基地进行技能培训、实践教学、实践操作等工作，以增加自己掌握的专业实用技能。

（2）建设相关的高校教师培训上岗机制

对于应用性专业的教师来说，他们必须具备相关的实践操作能力，掌握实用的专业技能，这样才能很好地指导学生进行实践和实训。因此，必须严格控制高校教师的技能情况，尤其是没有企业行业工作经历的青年教师，需要对其进行相关技能培训，如果进行培训之后仍然达不到相应的技能资质，则取消该教师的教学资格。同时，制定相关的培训上岗的规章制度，如规定培训的时间、形式等。

（3）建设相关的高校教师培训激励机制

"双师型"教师的认定标准之一就是职业技能证书，因此对于经过培训之后而获得职业证书的高校教师，应给予一定的奖励，其激励的形式是多样的，可以是物质奖励，也可以是精神奖励。

2. 引进"双师型"教师

如果地方本科高校急需"双师型"教师，而高校一时又难以培养出来，则可以通过引进"双师型"教师的方式，解决高校在实践教学中的问题。由于地方本科高校的经济实力有限，不可能大量引进"双师型"教师，可以重点引进具有多年行业工作经历的高学历技能型人才。

7.3　建设"双师型"教师队伍的途径

地方本科高校建设"双师型"教师队伍的任务很关键，可以说任重而道远，该如何建设"双师型"教师队伍呢？

首先，在思想认知方面，校级领导和高校教师需要认识到"双师型"教师队伍建设的必要性和重要性，从校级层面统一思想认识，形成上下一心的工作局面。

其次，在建设方案和顶层设计方面，需要明确"双师型"教师队伍建设的重点和目标，以培养学生实践能力和创新能力为宗旨，以促进学生就业为导向，科学合理地制定"双师型"教师队伍的建设方案。

再次，在相关制度和机制方面。高校需要根据"双师型"教师队伍的建设方案制定一系列相关的规章制度和运行机制，以保障建设"双师型"队伍工作的顺利完成。

最后，在建设"双师型"教师队伍时，高校需要根据学科和专业进行分析和建设，并动员高校教师参与"双师型"教师培训，努力提高自身的实践教学能力和实践应用能力，不断促进"双师型"教师队伍建设。

总之，只有高校各级领导、高校教师和高校工作人员积极行动起来，才能使"双师型"教师队伍建设真正落到实处。在具体操作时，可以采取以下途径建设"双师型"教师队伍（见图 7-2）。

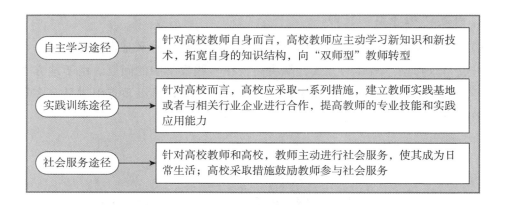

图 7-2　建设"双师型"教师队伍的途径

7.3.1　自主学习途径

高校在建设"双师型"教师队伍时，需要重视高校教师的主观能动性，采取一定措施激发高校教师的内在需求，使其积极主动追求自身发展，通过高校教师自主学习的途径，促进其向"双师型"教师转变。

1.高校教师自主学习的必要性

首先，高校应该鼓励并提倡教师进行反思和探究，进而将自身的经验升华为理论。反思和探究有时可以发现很多新的知识和理论，很多科学家都很善于反思和探究，他们通过总结经验教训，从而发现新的理论。高校教师亦是如此，可以对自身的经验进行反思和研究，就有可能从中发现新的收获，并将其升华为理论，这样不仅可以更好地为学生传授知识，还可以促进自身的发展。

其次，高校教师应该主动学习新的理论和技能，拓宽自身的知识结构。高校的教师培训大多是传授教师学科知识和教学知识，而实践性技能自由在专业实践中才能不断提升。因此，高校教师应该主动求变，结合教学工作和专业实践，拓宽自身的知识结构，不断学习新的理论和专业技能，促进专业技术的完善。

最后，教师通过自主学习不仅可以降低"双师型"教师服务的培养成本，缩短培养周期。同时，教师对自身有比较清晰的了解，对自身有所欠缺方面比较清楚，可以做到有针对性地学习和训练，通过教学和科研的紧密结合，提升自身的理论教学能力和专业技能水平，掌握系统的专业理论和技能。

2. 激励教师自主学习的方法

高校教师通过自主学习的途径可以很方便地向"双师型"教师转变，但在其中存在一个问题，那就是地方本科高校该如何保证高校教师自主学习的效果，或者说该如何为高校教师提供保障，可以采取以下措施。

① 针对不同教师的具体需求，在尽量满足教师需求的基础上，高校应给予教师一定的资助。

② 在保证高校教师正常教学活动的前提下，鼓励理论课教师参与实践教学基地的建设和改造，使之通过参与实践教学的整个过程，提高其专业技能。

③ 组织理论课和实践课教师开展与项目相关的科研活动，并让其担任相关工作，如产品设计、技术咨询等工作，在科研活动中不断提高教师的专业理论水平、技术应用能力、实践能力和创新能力等，使其向"双师型"教师转变。

④ 高校应该积极支持高校教师参与行业的资格证书培训和考试，并对取得相关资格证书的高校教师给予奖励。

7.3.2　实践训练途径

在地方本科高校中，很多高校教师是毕业就走上讲台的，缺少企业的实际工作经验，不了解企业的实际工作环境，对企业最新技术和工艺也十分陌生。"实践出真知"，只有通过生产实践训练，高校教师深入生产第一线，才能更好地掌握专业技能，提升实践应用能力。因此，生产实践训练可以提高高校教师的实践能力和专业技能，是培养"双师型"教师的有效途径。

1. 实践训练的必要性

首先，生产实践训练在提高教师实践能力的同时，还能提高教师的教学水平。随着科学技术的不断发展，新技术、新工艺和新材料如雨后春笋般不断涌现，企业中的生产设备和产品不断更新，而高校教师一直局限在校园和课堂中，鲜少和企业直接接触，其知识内容难免会有所陈旧，实践能力也有可能会退步，即使教材内容及时更新，如果高校教师本身并不了解新技术，没有实际参与和体验，也只能是纸上谈兵。这些情况并不利于高校教师自身的发展，也会对应用型创新人才的培养造成影响。通过进行生产实践训练，高校教师可以掌握新的技术、工艺和知识，不断提高自身解决实际问题的能力，更好地培养学生的实践能力。

其次，高校需要培养应用型创新人才，因此高校教师在进行实践教学时，应重点指导学生的实际专业操作，而指导效果在于高校教师的操作动作是否规范。除此之外，学生在进行实际操作时难免会遇到各种各样的操作问题，需要高校教师及时给予指导和建议，甚至需要教师实际操作解决问题。因此，高校教师必须具备实际操作能力和专业技能，才能更好地指导学生解决实践中的问题，所以说高校教师进行生产实践训练很有必要。

最后，高校教师要想向"双师型"教师转变，就需要进行生产实践训练，只用通过生产实践训练，教师才能对其有深入的了解，才能真正掌握专业技能，进而提高自身的专业技能水平。

2. 实践训练的方法

高校可采取以下措施拓宽生产实践训练的渠道，让教师积极参与生产实践训练（见图7-3）。

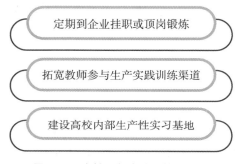

图7-3　高校教师实践训练的方法

① 高校教师定期到企业挂职或接受顶岗锻炼，在生产实践中不断提高教师的实践应用能力。例如，高校可以和多家固定企业进行深入合作，安排高校教师到生产和管理的第一线进行工作，以便于高校教师学习新知识和新技术。同时，对于企业而言，高校教师的参与可以有效指导企业中的技术革新，为企业的进一步发展提供意见和建议。需要注意的是，高校教师的顶岗实践最好不要少于半年，如果教师的实践时间过短，就不足以了解企业的新知识和新技术，而只是停留在表面，无法起到应有的效果。

② 高校应该积极拓宽教师参与生产实践训练的渠道，和多家企业建立合作，确保教师可以到相关行业中进行工作和学习。例如，高校可以积极主动获取地方政府的支持，和地方政府建设教师实践培训基地，也可以和各个行业的企业进行合作，使得教师可以进行实地工作和学习，真正去了解行业对人才技能的需求，了解企业存在的问题，积累丰富的实践经验，从而提高自身的教学水平。

③ 高校应该积极建设高校内部的生产性实习基地，利用自身具备的资源和优

势，吸收专业技能熟悉且适合教师岗位的人才，尤其是熟悉生产、管理和服务一线的专门人才，他们可以将实践经验引入课堂，提高高校教师队伍的教学水平，建设"双师型"教师队伍。

7.3.3　社会服务途径

高等院校的职能之一是社会服务，地方本科高校教师积极参与社会服务，不仅可以提高高校的社会声誉，还可以提高教师的专业技能，是建设"双师型"教师队伍的另一大途径。

新的时代，高校教师不仅是知识的传递者，他们还肩负更大的职责，需要为学生提供高质量的教学，使其掌握实践应用能力。因此，高校教师必须具备将知识理论转化为实践技能的经验和能力，来应对快速发展变化的社会和市场，但这种能力并不凭空获得的，需要教师在实践中不断积累经验。该如何积累实践经验呢。高校教师可以通过社会服务的方式和途径来提高自身的实践能力，主要表现在以下方面。

① 高校服务社会的主要方式是承担企业和社会的课题研究或服务项目，通过解决社会或企业中的问题，不断提高教师的实践能力，使其掌握专业技能。

② "双师型"教师培养专业技能并不仅是单方面因素作用的结果，还包括高校的措施、教师的主观能动性等，其关键在于高校教师的主动性。对于高校教师而言，参与社会服务应该成为生活的日常，通过社会服务发挥自身的价值和潜力。对于高校来说，应该采取措施鼓励高校教师参与社会服务，提高其声誉。

总之，高校教师应该积极参与社会服务，通过社会服务的途径，可以提高自身的多种能力，如沟通协调能力、协同合作能力、实践应用能力等，促进高校教师向"双师型"教师转型。

7.4　加强教师队伍转型建设的措施

地方本科高校教师队伍转型已经成为不可阻挡的趋势，但地方本科高校在"双师型"教师队伍建设方面存在很多问题，如对"双师型"教师认知不到位，存在认识误区；缺乏有效的"双师型"教师激励机制等问题。高校可以采取以下措施，促进教师队伍向"双师型"教师队伍转型（见图 7-4）。

图 7-4　高校教师队伍转型的措施

7.4.1　健全高校教师培训体系和制度

我国在高等院校教师的准入制度方面，往往缺少对高校教师的专业技术进行考量，导致高校教师在专业技术和实践能力方面有所不足。因此，地方本科高校在教师队伍建设方面，需要健全相关的培训体系和培训制度，以提高高校教师的知识理论、专业技术和专业技能，促使教师向"双师型"教师转型。

在培训主体方面，高校需要和企业进行积极合作，充分发挥学校和企业的作用；在培训内容方面，对高校教师不仅要提供理论知识和技能知识的培训，以提高高校教师的专业素质，还要提供教学方法、教学手段和教学技术的培训，不断提高高校教师的职业能力和教学水平；在培训制度方面，高校应该建立科学合理的规章制度，保障高校教师培训活动的顺利进行。地方本科高校可以采取以下措施健全高校教师培训体系和制度。

① 高校应该整合一切教学资源，通过传帮带、参与课题研究的方式，加强实践教学环节，做好教师培训工作，为培养"双师型"教师提供基础保障。

② 高校应该邀请相关行业、企业中具备丰富实践经验的专家或专业技术人员进行培训。高校教师固然具有丰富的理论知识，但在实践经验方面，高校教师往往比不上专业的技术人员，因此可以邀请这些人员培训高校教师，使之快速掌握专业技能。

③ 高校可以分期、分批次将专业教师选派到相关企业进行顶岗锻炼，或者教师直接参与一线生产，使教师了解最新的科技知识和动态。

7.4.2　健全高校教师评价机制和激励机制

在传统的高校教师评价机制中，十分重视高校教师的学术研究成果等级或者获奖的级别，会根据这些标准进行评价。这种评价方式严重忽视了高校教师的实践经验和实践能力，不符合应用型创新人才的培养目标，制约了高校教师向"双师型"教师的转型发展。因此，地方本科高校应对传统的评价机制进行改革和创新，可以将专业经验、实践应用能力、教学成绩和技术开发能力等作为评价标准。

在激励机制方面，高校应该出台相关的政策和制度，鼓励青年教师通过挂职和项目合作的方式，到企业或事业单位从事与本行业相关的实践工作，在实践中不断提高自身的专业技能。同时，高校应该对教师给予资金方面的支持和激励，使高校教师自觉向"双师型"教师靠拢。

总之，地方本科高校应该健全并完善高校教师的评价机制和激励机制，通过这些措施鼓励高校教师提高自身的实践能力和专业技能，更好地培养学生成才。

7.4.3　明确"双师型"教师认定标准

"双师型"教师不仅是对高校专业课教师提出的标准和要求，同时是地方本科高校教师队伍的特色。"双师型"教师对提高高校办学水平和人才培养质量具有重要的作用。

目前，"双师型"教师的概念并不明确，高校领导和教师对"双师型"教师的认知不到位，存在误解，认为"双师型"教师就是具有专业技能证书的教师，这实际上忽视了高校教师实践能力，十分不利于高校教师的专业发展。因此，地方本科高校需要明确"双师型"教师的认定标准，指明高校建设"双师型"教师队伍的方向，需要注意以下三点（见图 7-5）。

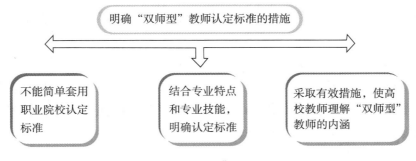

图 7-5　明确"双师型"认定标准的措施

① 地方本科高校和职业院校不同，在认定"双师型"教师时，不应该简单套用

职业院校的"双师型"教师认定标准，而是应该根据自身的办学定位和师资队伍的具体情况，准确把握"双师型"教师的内涵。

② 地方本科高校应借鉴国内外的"双师型"教师认定标准，在结合专业特点的基础上，对专业教师应当掌握的专业技能进行分析探究，使其认定标准既可以充分体现出"双师型"教师的特点，又可以体现出专业的特点。

③ 高校应该采取有效的措施，如进行宣传和激励，转变高校教师对"双师型"教师的刻板印象，使高校教师正确理解"双师型"教师的内涵，从根本上转变高校教师对"双师型"教师的认知，这样才能顺利开展"双师型"教师队伍的建设。

7.4.4　优化高校教师队伍学历结构

在地方本科高校中，学历较高的教师所占的比例较小。如果高校教师的学历较低，其理论知识基础不够扎实，在学习新知识和新技术时，可能会心有余而力不足，这会对高校教师转型发展造成一定阻碍，因此地方本科高校需要优化高校教师的学历，可以从以下三个方面进行。

（1）适度提高教师聘用的学历标准

根据我国现行的教师资格制度，具备研究生或大学本科学历，可以取得高等学校的教师资格；但随着时代的发展，仅仅具备本科学历是无法满足科学研究需求的。因此，地方本科高校应该提高教师聘用的学历标准。当然，对具备丰富实践经验的实践教师和特殊人才，高校可以适当降低标准，应灵活制定教师选聘标准。

（2）合理扩大高校教师进修的比例

要想提升高校教师队伍整体的学历层次，还可以提升在职教师的学历层次。例如，高校可以有计划选派本科层次或研究生层次的高校教师攻读硕士或博士学位，提升在职教师的学历层次。当然，高校在选派在职教师时，需要选择有时间、有精力、有能力的高校教师，增加其获得学位的概率，并鼓励教师采取在职研修方式攻读高一级学位。

（3）和其他重点大学进行合作创新培养机制

地方本科高校要想提高博士学位的教师比例，需要积极探索教师培养机制，可以和其他重点高校进行合作，将培养任务分批次打包给重点大学，通过利用重点大学的资源优势，快速提升本校教师的学历。

参考文献

[1] "本科院校整体转型发展改革试点"西昌学院项目组.高校应用型转型发展的探索与实践[M].北京：北京理工大学出版社，2016.

[2] 曹鸿飞.地方本科高校转型重塑的路径选择[M].天津：天津科学技术出版社，2018.

[3] 陈斌岚.地方本科院校转型发展与应用型人才培养[M].长春：吉林大学出版社，2017.

[4] 陈晏辉.本科层次应用型创新人才培养研究[M].厦门：厦门大学出版社，2018.

[5] 丁家云，瞿胜章，艾家凤.应用型本科高校教育教学研究[M].合肥：中国科学技术大学出版社，2016.

[6] 韩宝平.新型地方本科院校应用型人才培养模式的探索与实践[M].徐州：中国矿业大学出版社，2014.

[7] 黄建雄.转型与提升：地方本科院校教师队伍结构优化研究[M].武汉：华中师范大学出版社，2017.

[8] 李奎良，王守忠.新建本科院校顶层设计研究[M].上海：上海交通大学出版社，2014.

[9] 刘海蓝.地方本科院校人才培养模式的变革与转型[M].北京：中国经济出版社，2020.

[10] 刘焕阳.高校课堂教学研究与实践[M].济南：山东大学出版社，2011.

[11] 刘江栋.构建应用型本科人才培养模式——地方本科高校转型发展之路[M].天津：南开大学出版社，2016.

[12] 刘彤，陆薇，许志强.新建本科院校应用技术转型的"现代学徒制"路径研究[M].成都：西南交通大学出版社，2019.

[13] 刘印房.地方本科高校校企协同创新机制构建研究[M].北京：科学技术文献出版社，2018.

[14] 罗明东.新建地方本科高校转型发展理论思考与探索[M].昆明：云南大学出版社，2017.

[15] 罗明东，陈颖.新建地方本科高校"转型期"发展规划的探索[M].昆明：云南教育出版社，2017.

[16] 罗明东.新建地方本科高校转型发展改革与实践[M].昆明：云南大学出版社，2017.

[17] 高延龙，许静洪.地方本科院校转型发展思考与探索[M].西安：陕西科学技术出版社，2016.

[18] 马江生 . 地方本科院校提升办学水平的实践与研究 [M]. 西安：陕西人民出版社，2019.

[19] 聂永成 . 实然与应然新建本科院校转型分流的价值取向研究 [M]. 武汉：华中师范大学出版社，2018.

[20] 钱国英，徐立清，应雄 . 高等教育转型与应用型本科人才培养 [M]. 杭州：浙江大学出版社，2007.

[21] 邵光华，晏成步，徐建平 . 地方本科高校转型发展研究 [M]. 杭州：浙江大学出版社，2017.

[22] 盛欣 . 新建地方本科院校人才培养质量及保障机制研究 [M]. 徐州：中国矿业大学出版社，2018.

[23] 陶春元 . 地方新建本科高校的双重转型之路 [M]. 天津：南开大学出版社，2019.

[24] 王丽燕 . 地方本科高校转型发展研究 [M]. 大连：大连理工大学出版社，2020.

[25] 肖华 . 应用型本科高校立德树人探索 [M]. 苏州：苏州大学出版社，2014.

[26] 杨红卫，彭增华 . 应用型本科院校建设探索 [M]. 昆明：云南大学出版社，2015.

[27] 杨丽宏 . 滇西应用技术大学特色学院建设路径探索 [M]. 昆明：云南大学出版社，2017.

[28] 张湘伟 . 应用型本科院校建设理论探索与实践论文集 [M]. 北京：北京理工大学出版社，2017.

[29] 郑山名 . 地方本科院校教师队伍建设研究 [M]. 北京：光明日报出版社，2018.

[30] 暴占光 . 影响高校辅导员与学生有效沟通的因素及应对策略 [J]. 思想理论教育导刊，2012(6):110–112.

[31] 董杰 . 论新时期思想政治理论课教师队伍建设 [J]. 清华大学学报（哲学社会科学版），2006(S2)：95–99.

[32] 董毅 . 新建地方本科院校应用型人才培养方案的设计——基于对"厚基础、宽口径"的反思 [J]. 高教探索，2010(3):74–77.

[33] 高庆勇，王丽琴 . 高校学生情感沟通问题及解决路径 [J]. 常州信息职业技术学院学报，2014，13(3)：85–87.

[34] 郭栗，刘畅 . 有效沟通是学生工作的重要途径 [J]. 四川理工学院学报（社会科学版）2009，24(2)：121–124.

[35] 韩伏彬，毕建平，董建梅 . 地方本科高校转型发展治理策略 [J]. 教育文化论坛，2021(4)：55–63.

[36] 侯永雄，林闻凯 . 创业教育与地方本科院校转型的内在耦合性及实现路径 [J]. 高教探索，2015(2)：40–44.

[37] 嵇娟娟 . 辅导员工作中的情感管理 [J]. 文教资料，2011(1)：172–173.

[38] 贾美艳.地方本科高校转型发展背景下教师自我身份的重构——基于教师作为学习者的视角 [J].盐城师范学院学报，2014(1):96–99.

[39] 李莎.创新专业设置和课程体系适应地方本科高校转型发展 [J].重庆科技学院学报，2014(7):147–149，155.

[40] 刘明贵.实践教学在应用型本科高校人才培养中的地位和作用 [J].高等农业教育，2010(2):6–9.

[41] 刘涛."学徒制"的现代价值及其实现之研究 [D].苏州：苏州大学，2011.

[42] 刘永健.地方高校青年教师转型发展研究 [J].职业时空，2014(7):104–105.

[43] 刘永建，张景富，常瑛.关于构建应用型本科院校人才培养模式的几点思考 [J].教育教学论坛，2014(5):100–101.

[44] 刘献君.论大学办学特色的创建 [J].国内高等教育教学研究动态，2012，33(1)：51–56.

[45] 卢宁.什么是高等学校的办学特色 [J].高教发展与评估，2007(3):6–9，50.

[46] 罗旗帜，徐银燕.地方院校办学特色的实践探索——以佛山科学技术学院为例 [J].高教论坛，2009(5):8–10，24.

[47] 潘柳燕.论思想政治教育视域下心理疏导的价值干预 [J].湖北社会科学，2013(1):194–196.

[48] 祁贵国.地方本科高校转型发展研究 [J].湖北开放职业学院学报，2019(24):23–24.

[49] 阮芳芳.地方本科高校转型背景下特色学院发展探索 [J].科教导刊，2017(15)：9–11.

[50] 单治国，刘兴元，蒋智林，等.对地方本科高校转型发展策略的研究 [J].当代教育实践与教学研究，2020(4):110–111.

[51] 覃永晖，吴晓，王晶.地方本科院校"SRTP 计划"的探索与实践 [J].赤峰学院学报 (自然科学版)，2014(12)：163–165.

[52] 王学成.坚持科学发展观搞好地方本科高校办学定位 [J].技术与创新管理 2006(1):26–28.

[53] 王哲浩.大学生思想政治工作的新途径 ——加强情感交流 [J].黑龙江史志，2012(17)：88–89.

[54] 吴海平，李士森.区域经济发展下的高职院校办学特色研究 [J].科技创业月刊，2014(7)：130–131.

[55] 支希哲，罗向阳.高校办学定位和办学特色之检视 [J].大学教育科学，2008(3):28–31.

[56] 周茂东，张福堂.地方本科高校转型发展刍议 [J].天津职业大学学报，2014(3)：3–6.

[57] 赵志群.人才市场错配，何不建立现代学徒制 [N].中国教育报，2014–05–12(6).